| 세미오시스 연구총서 05 |

우정, 자유, 복종 그리고 카니발리즘

- 몽테뉴와 라 보에시 -

이 저서는 2010년 대한민국 교육부와 한국연구재단의
인문한국(HK)지원사업의 지원을 받아 수행된 연구임(NRF-2010-361-A00013).

세미오시스 연구총서 05

우정 자유 복종 그리고 카니발리즘

- 몽테뉴와 라 보에시 -

서종석

HU:iNE

목차

I

들어가는 말

1

들어가는 말

"누가 내게 왜 그를 사랑하느냐고 물어 본다면,
'그가 그였고, 내가 나였기 때문이다.'라고 답하는 것 외에는
달리 설명할 수 없을 것이다."(『에세』 1권 28장, p.186)
« *Si on me presse de dire pourquoy je l'aymois,*
je sens que cela ne se peut exprimer, qu'en respondant:
Par ce que c'estoit luy; par ce que c'estoit moy. » (I.28.186)

이 글은 몽테뉴(Michel de Montaigne)의 『에세 *Essais*』[1]의 일부 장(章)과 라 보에시(Etienne de La Boétie)[2]의 『자발적 복종론 *Discours*

---

1) 이 글에서 사용하는 『에세』의 판본은 'Montaigne, *Les Essais*, Villey-Saulnier(éd.), Paris, PUF, (« Quadrige »), 2004 (1965)' 판을 참조하였다. 아울러 국역본은 손우성(2005), 민희식(2013) 등을 참조하되, 필요에 따라서는 필자가 수정하여 인용하기로 한다. 원문 인용표기 방식은 '(권.장.페이지)' 순서로 하였다.

2) 이 글에서는 '*boétie*'의 우리말 읽기를 '보에시'로 한다. 현재 국내의 몽테뉴 연구자와 번역자들 사이에서 '보에티'와 '보에시'라는 두 발음이 함께 사용되고 있다. '-티[-ti]' 혹은 '-시[si]'로 읽느냐에 대해서는 연구자들에 따라 다를 수 있는데 – 예를 들어 폴 본느퐁(Paul Bonnefon, 1892: 385-386)과 생트 뵈브(Sainte-Beuve, 1852 :144) - 현대 프랑스어에서 [-si]로 발음을 하는 것이 더 자연스럽고 또 대부분의 사람들이 그렇게 발음하고 있는 것으로 보인다(cf. 서종석 2012, 2013).

de la servitude volontaire』[3])을 읽으면서, '우정'의 개념과 더불어 몇 가지 인본주의적인 주제들을 살펴본다. 고대 이래로 우정 개념은 사랑과 개념적 틀이 중복되거나 맞물리면서 다양한 모델로 발전되어 왔다. 우정은 인간의 "모든 시간과 모든 문화의 가치"(Maisonneuve 2004: 3)로서, 다양한 매체들을 통해 전해져 내려왔다. 한 시대의 우정은 그 사회와 문화의 현실을 반영하는 실체 같은 것이어서, 다양한 시대적 가치를 품을 수 있다. 따라서 아래에서 잠시 언급하겠지만, 우리 시대의 사람들이 마음속에 담고 있는 우정관을 과거의 사람들의 그것과 비견해볼 때, '개념적 은유(conceptual metaphor)'의 구성인자가 서로 일치하지는 않는다. 물론 우리는 타자와 관계를 만들고 가꾸어 나가면서 여전히 이상적인 우정의 모델을 상정하고 그것을 통해 상대를 바라보기도 한다. 우정이 인간의 삶 속에서 얼마나 중요한 역할을 하는 것인지에 대해서는 의문의 여지가 없을 것이다. 우정은 "생존의 문제"이자 "선택의 여지가 없는"(Rendell, 1995: 19) 사안이다. 혼자서 삶을 영위할 수 없는 사회적 동물로서 인간은 타자의 존재와 도움, 그리고 소통을 필요로 한다. 인간이 살아가면서 만들어 내는 다양한 관계의 유형 중에서 우정은 사랑과 더불어 아마도 가장 중요하고 유의미한 인간관계일 것이다.

몽테뉴와 라 보에시의 우정을 살펴보는 일은 우리의 삶에 들어와 있는 타자의 존재와 의미를 되돌아보게 하고 나아가 우리 자신에 대한 성찰을 이끄는 것이라 믿는다. 이들의 우정은 이미 수백 년 전인

3) 라 보에시의 『자발적 복종론』은 'Étienne de La Boétie, *Discours de la Servitude volontaire*, texte établi et annot. par André et Luc Tournon, Paris, Vrin (Bibliothèque des textes philosophiques), 2002'를 참조하였고, 인용 페이지는 이에 따랐다. 그리고 원문 인용표기 방식은 '(Discours, 페이지)'로 하였다. 국역본으로는 박설호(2004), 심영길, 목수정(2015) 등이 있다.

16세기에 살던 두 사람 사이의 일이지만, 그것이 다양한 우정의 모델 사이에서 보다 독특하고 도드라지는 특성을 보여준다는 점에서 여전히 우리의 흥미와 호기심을 불러일으킨다. 두 인물은 서구의 문학이나 사상의 논의 속에서 언제나 서로 조응하는 존재들이다. 그리고 그 논의 속에서 이들의 우정은 늘 자연스럽게 같이 언급된다. 이들이 함께 나누었던 우정이 어떠한 성격이었는지는 무엇보다 몽테뉴의 『에세』 1권 28장 「우정에 대하여 *De l'amitié*」에 그 흔적이 남겨져 있다. 따라서 우리의 논의도 상당부분 이 장에 의지하여 진행될 것이다.

아마도 라 보에시라는 인물은 일반 독자들에게는 비교적 잘 알려진 몽테뉴에 비해 상대적으로 생소하게 느껴질지도 모르겠다. 그러나 몽테뉴의 삶 속에서 라 보에시의 영향이 매우 깊고 광범위했다는 사실은 의심의 여지가 없다. 『에세』의 경우에도 – 특히 1권 – 후세의 많은 학자들이 이를 라 보에시에 대한 몽테뉴의 애도와 기억의 산물로 바라보는데 주저하지 않는다. 『에세』 1권 40장 「키케로에 대한 고찰 *Consideration sur Cicéron*, 252」에서 몽테뉴는 편지를 쓸 누군가가 있었다면 『에세』를 쓰지는 않았을 것이라는 속마음을 드러내주고 있다. 물론 이는 명백히 그의 친구 라 보에시를 염두에 두고 한 말로 추정되는데, 그만큼 라 보에시의 존재는 몽테뉴에게 있어서 매우 특별한 인물인 것이다.

그런데 우정이라는 것이 어느 정도 많은 시간을 필요로 하는 관계라는 일반적인 생각과는 달리, 이 두 사람이 만난 기간은 이들의 우정이 보여주는 강도에 비해 매우 짧다. 1558년 25살이었던 몽테뉴는 당시 보르도 의회에서 일하던 28살의 라 보에시를 만나게 된다.[4] 그러

4) 두 사람이 만났을 때 나이에 대해서는 문헌마다 약간씩 차이가 있다. 일반적으로 두 사람의 연령 차이는 두 살이나 혹은 세 살로 알려져 있다. 또한

니까 라 보에시는 몽테뉴보다 연장자였다. 두 사람의 교류는 매우 짧은 기간에 이루어진 것이었다. 라 보에시가 1563년 페스트로 추정되는 병을 얻어 32살이라는 젊은 나이에 급작스레 세상을 떠나기 때문이다. 『에세』의 탄생은 물론 그의 사후 일이다. 그런데 이 몇 년이라는 기간 동안 몽테뉴가 경험한 우정, 몽테뉴가 『에세』의 한 장을 통해 규정한 우정은 그 우정을 경험한 두 사람을 제외하고는, 아마도 다시는 경험하지 못하는 단일하고 유일한 것으로 소개된다. 몽테뉴에게 우정이란 매우 배타적인 성격을 띠고 있는 것이고, 일반적으로 우정이라고 하는 것이 담고 있는 사회적인 성격의 조건은 이 고결한 우정 앞에서는 단숨에 무시된다. 이들의 우정을 통해 우리가 듣는 것은 대부분의 인간은 이러한 유형의 우정을 맛볼 수는 없으며, 우정은 그 자체로 '배제'와 '예외'의 다른 이름이라는 주장이다. 범용한 우정의 부정적인 측면을 부각시키는 그의 논증은 어쩌면 지나치게 보일 수도 있겠지만 그가 자신이 경험한 우정을 얘기하는 방식에서 두 사람의 우정의 특유성을 관찰할 수 있다. 그만큼 몽테뉴가 말하는 완전하고 진정한 우정은 다른 우정의 모델들과 공유하는 요소들이 있음에도 불구하고 그 자체로 차별화되고 구분된다.

몽테뉴의 우정의 본질을 드러내주는 변별적인 인자는 바로 그것을 묘사하는 감성적인 언어의 선택과 수사적인 기법에 있다. 몽테뉴의 우정은 에이마르(Aymard, 1986: 463)에 따르면 그 원형(archétype)이 '사랑(amour)'과 닮아있다. 아마도 이 우정의 장을 처음으로 대면하는 독자라면 누구나 그 애정의 깊이와 해독의 어려움에 난처할지도 모른다. 경험을 표상하는 이 감성의 어휘들은 일반적인 우정의 개

라 보에시가 사망한 나이도 의견을 달리해서 서른둘이나 서른셋으로 이야기된다.

념에 익숙한 우리에게는 매우 낯설고 색다른 이해력을 요구하기 때문이다. 만(Manhes, 2009: 205)은 우정이란 것이 고결한 관계를 창조해내는 것이 아니라, 본능적이라기보다는 보다 상징적인 현실의 범주로 에로스의 모순들을 이동시키는 것이라고 주장한다. 아마도 우리는 만의 지적 속에서 발견할 수 있는 사랑의 '흔적'같은 것을 몽테뉴에게서 발견할 수 있을지도 모른다. 사실 몽테뉴의 우정은 소위 '낭만적 우정(romantic friendship)'의 범주에 넣을 수 있을 정도로 상대에 대한 애정의 표현에서 매우 특이한 자질을 노출시킨다. 우정이 '감정'들 중의 하나인지는 아래에서 다시 언급하기로 하겠지만, 이들의 우정이 개념적인 차원에서 사랑과 공통의 영역을 나눠 갖는다는 점은 분명한 듯이 보인다. 누가 누구를 좋아한다는 것은 사랑과 우정 모두 같이 함의하는 인자이다. 남자가 남자를 좋아하는 일을 이성 간의 '사랑'을 담는 개념적 틀로 바라볼 때, 우리 앞에는 하나의 해답만이 놓여있다. 동성애다. 따라서 남자들 간의 '애정'이 우정이나 사랑으로 분류된다고 할 때, 몽테뉴와 라 보에시의 우정은 그것을 묘사하는 색다른 감정의 어휘들로 인해 종종 동성애의 한 모습으로 간주되기도 한다.

이러한 맥락에서 우리는 이 글을 통해 몽테뉴의 우정과 사랑이 개념적으로 서로 어떻게 연계되는지, 그리고 그것이 의미하는 바는 어떤 것인지 숙고해 볼 것이다. 이러한 작업은 두 사람의 삶을 관통한 "완전한 우정 *parfaicte amitié*"(I.28.186, 191)이 어떻게 텍스트라는 매체를 통해 드러나는지 살펴보는 일이기도 하다. 이는 달리 말하자면, 몽테뉴의 언어로 묘사된 감정의 영역을 은유라는 수단으로 관찰하고 논의하는 것이다. 몽테뉴는 자신과 라 보에시의 우정을 '운명'적인 차원에서 이해하려고 노력한다. 그것은 두 선택받은 개체들 간의 거부할 수 없는 만남이자 영적인 소통이 전제되는 것이다. 몽테뉴가 이 신비스런 운명을 독자들에게 보여주며 그려나가는 방식은 언어의 한계로 인해 근본적으로 불가능한 일이다. 그것은 설명할 수 없는 신비스런 어떤 현상이나 대상을 언어라는 한계의 수단으로 접근하는 일이기 때문이다. 따라서 몽테뉴는 자신의 감정을 표현하기 위해 은유라는 기제를 사용할 수밖에 없는 것이다. 우리는 이 은유가 어떤 성격의 것이며 어떤 어휘들을 통해 담겨져 표상되는지 살펴볼 것이다. 이 은유를 살펴보는 일은 곧 몽테뉴의 라 보에시에 대한 감성의 코드를 파악하는 일이기도 하다. 이는 아마도 『에세』의 한 장을 온전히 이 우정에 할애하면서 독자에게 가공하여 제시한 그의 '텍스트적' 우정과 실제의 우정을 견주어 생각해볼 수 있는 기회가 될 것으로 믿는다.

이 글은 또한 몽테뉴의 우정과 라 보에시의 글에 나타난 우정을 함께 비교하며 살펴보는 작업이다. 이것은 먼저 세상을 떠난 라 보에시가 남긴 유작 『자발적 복종론』이 어떤 면에서 몽테뉴의 사상에 영향을 미쳤는지 살펴보는 일이다. 두 사람이 생전에 나눈 정신적인 교감이 어떠한 것인지는 알 수 없으나, 그들이 남긴 텍스트들 속에서 관찰되는 일련의 연관성은 흥미로운 모습으로 드러난다. 『자발적 복종론』은 라 보에시가 열여덟의 나이에 작성한 것으로 알려졌다. 어린 나이에 작성된 소논문이지만 그 내용은 놀라울 정도로 흥미로운 주장들로 가득 차 있다. 『자발적 복종론』은 아마도 서구 정치사 연구에서 많은 주목을 받지는 못했지만, 루소(Jean-Jacques Rousseau)나 푸코(Michel Foucault) 등 많은 후세 학자들에게 적지 않은 영향을 미친 것으로 알려져 있다. 『자발적 복종론』이 담고 있는 내용을 간략히 요약하자면, 그것은 일인 독재를 추구하는 군주 혹은 폭군의 압제와 억압으로부터 벗어나, 본래부터 인간에게 주어진 자유의 의지로 살아가자는 정치적 이상을 담고 있다. 인간의 끝도 모를 욕망과 암울한 현실을 고려해본다면, 그것은 실현할 수 없는 유토피아에 대한 이야기라

해도 과언이 아닐 것이다. 아마도 루소의 사상을 조금이라도 알고 있는 독자라면 그의 사상의 원류의 일부를 이 작은 소논문에서 발견하는 놀라움을 맛볼 것이다. 몽테뉴 역시 이 책의 존재를 통해 라 보에시라는 인물을 알고 있었으며, 아래에서 보겠지만, 두 사람의 만남에 운명적인 매개체 역할을 했다고 볼 수 있다. 중세의 정치제도와 사회적 상황 속에서 반독재, 반군주제라는 내용을 담고 있는 서적이 온전하고 중립적인 평가의 대상이 될 수 없었을 것이라는 점은 불 보듯 뻔하다. 우리가 잘 알고 있는 것처럼, 서구의 16세기는 피비린내 나는 종교적 대립이 난무했고 그 기간도 오랫동안 지속되었다. 이 와중에 이 논문은 프로테스탄트들이 정치적 목적으로 활용하면서 저자의 의도와는 상관없이 민감한 텍스트가 되어버렸다. 1574년 칼뱅파의 주도로 자발적 복종론의 일부가 저자의 이름도 없이 해적판으로 출판되었다가, 1576년에는 라 보에시의 이름과 더불어 '반독재론 *Contr'un* [Against One Man]'이란 제목으로 출판되어 시중에 배포되기도 하였다. 우리는 위그노(huguenot)들이 정치적인 목적으로 고인이 된 친구의 논문을 유인물처럼 이용하는 행태가 몽테뉴에게는 매우 고민스런 일이었음을 『에세』를 통해 유추해볼 수 있다. 사실 몽테뉴는 본래 라 보에시의 『자발적 복종론』을 『에세』에 담으려는 생각을 하고 있던 것으로 보인다. 아래에서 좀 더 자세하게 살펴보겠지만, 제 1권 28장 「우정에 대하여」 서두에 보면 몽테뉴의 이러한 계획이 잘 나타나 있다. 하지만 그의 의도와는 달리 독자들은 라 보에시의 유작을 몽테뉴의 텍스트 속에서 발견할 수 없게 된다. 텍스트의 내용이 정치적으로 민감했기에 몽테뉴는 자신의 계획을 끝내 포기한 것으로 보인다.[5)]

5) 『자발적 복종론』을 몽테뉴가 작성한 것으로 보는 일부 학자들도 존재한다. 『자발적 복종론』이란 소논문이 담고 있는 책의 내용이 너무도 '혁명적인' 관계로, '라 보에시'라는 이름으로 출판한 다른 저작물과 함께, 사실상 몽테뉴

라 보에시라는 인물에 대해서는 알려진 것은 많이 없다. 피에르 클라스트르(Pierre Clastres)가 시인 랭보(Jean-Nicolas-Arthur Rimbaud)의 삶과 천재성에 비견하여 "사고의 랭보 *Rimbaud de pensée*"(2002: 247)라는 찬사를 받쳤지만, 제대로 된 전기(biographie)하나 없는 그는 여전히 우리에게 "모호한 형체(une ombre)" (Delacomptée, 1995: 9)에 불과하다. 국내외를 막론하고 라 보에시와 그의 저작물에 대한 학술적인 연구는 많이 부족한 편이다. 국내 연구의 경우 라 보에시의 『자발적 복종론』을 우리말로 옮긴 두 권의 번역서를 제외하고는 거의 확인되지 않는다. 또한 책의 내용도 소수 독자들을 제외하면 아직까지는 크게 주목받거나 친숙한 것도 아니다. 국외의 경우도 이미 오래 전부터 다양한 연구가 이루어져 오고 있지만, 이는 아무래도 '몽테뉴의 친구 라 보에시'라는 관심의 범위 안에서, 몽테뉴의 연구를 위한 한 방편으로 이루어진 성격이 강하다. 그렇지만 최근 라 보에시에 대한 본격적인 관심이 집중된 것은 고무적인 일이다. 참고문헌에 제시해 놓았지만 프랑스 '클라식 가르니에(Classiques Garnier)' 출판사를 통해 «*Cahiers La Boétie*»라는 제목의 시리즈로 최근에만 3권의 서적들이 출판되었다. 주제도 다양하여, 『자발적 복종론』에 나타난 우정이나 습관의 개념, 그리고 정치적 문제를 다루고 있는데, 이는 비단 『자발적 복종론』에만 국한된 것이 아니라, 그와 관련된 저작물 전체를 대상으로 하고 있는 것이다. 따라서 라 보에시에 대한 지적 갈증을 느꼈던 연구자나 독자들이라면 어느 정도 그 목마름을 해소할 수 있을 것으로 보인다. 아울러 라 보에시의 작품들에 대한 연구가 활발히 진행된다면, 이를 통해 아마도 몽테뉴의 사상에 대한 이해의 폭을 더욱 넓힐 수 있지 않을까 생각된다.

우정이라는 특정한 개념을 놓고 두 사람의 텍스트들을 통해 나타난

가 실제 저자라는 것이다. 이런 주장에 대해서는 Schaefer(2003) 참조바람.

닮은 생각들을 찾아내는 일은 그렇게 쉬운 작업은 아니다. 더욱이 이 개념은 또 다른 인접 개념들과 연계되어 복잡한 구조를 드러내기도 한다. 특히 라 보에시의 텍스트에 드러난 우정의 개념이 그렇다. 간략하게 비교해 보자면, 두 텍스트에 나타난 우정의 개념은 각기 개인적 우정과 사회적 우정의 차원에 놓고 생각해 볼 수 있을 것이다. 『에세』의 우정을 개인의 삶을 통해 관찰되는, 경험적이고 구체적이며 사적인 영역의 것이라 규정한다면 『자발적 복종론』에서 언급된 우정은 개인의 사회적인 삶을 관통하는 추상적이고 이상적이며 공적인 영역의 것으로 정의할 수 있을 것이다. 이러한 의미에서 다니엘 르페브르(Lefèvre, 2007)는 몽테뉴의 우정을 구체적인 현실의 성격을 지니며, 라 보에시가 제시하는 우정은 관념적인 차원에 머무른다고 본다. 두 유형의 우정은 그러므로 서로 다른 차원에 위치하여 상이한 대상을 지시하고 있는 것처럼 보인다. 이러한 해석은 비록 두 텍스트가 우정이라는 용어를 공히 사용하고 있지만, 두 텍스트의 성격이 완전히 다른 것이어서 잘못된 판단이라고 할 수는 없을 것이다. 그러나 몽테뉴와 라 보에시라는 두 개인이 보여주는 우정의 개체성은 라 보에시의 『자발적 복종론』에 나타난 우정의 사회성과 유리되지 않는 것처럼 보인다. 『자발적 복종론』 속의 우정은 폭군, 혹은 독재 군주에 대항하는 사회적 힘이자 파편화된 개체들을 결속시키는 원초적 수단으로 묘사된다. 정치심리학 차원에서 관념적이고 이상적인 이 우정은 결코 개체들 간의 구체적 실천으로서 우정과는 떼려야 뗄 수가 없다. 데리다(Jacques Derrida)는 몽테뉴와 라 보에시의 우정을 "'형제 같은 *comme des frères*' 두 사람 사이의 우정은 또한 어떤 사랑 같은 열정이다."(1994: 211)[6]라고 규정하였는데 이는 우리의 논의 속에서 보면, 이 두 사람의 우정 속에서 개인적

6) 이탤릭체에 의한 인용문 강조는 데리다 자신의 것임.

인 차원의 것과 사회적인 차원의 것을 연계지어 생각해 볼 수 있는 가능성이 보인다. 몽테뉴의 우정은 배타적이고 극히 내밀한 특성을 보여주는 애정의 한 발로이지만 그것의 본질은 자유의지에 기초한 형제애라는 보편적 가치와 평등의 개념과 분리되지 않기 때문이다. 몽테뉴는 「우정에 대하여」 장에서 라 보에시를 혈연관계가 아님에도 불구하고 "형제"라는 호칭을 부여하는데, 이는 이러한 보편적 가치로서의 형제애와 연결되는 것으로 해석할 수 있다. 이때 형제는 "완전하고 온전한 소통 *une parfaite et entiere communication*"(II.8.396)을 이룰 수 있는 존재임은 두말할 나위 없다.

이러한 해석은 나중에 함께 살펴볼 '식인종(cannibales) 형제들'과도 연결되면서 보다 광범위한 인본주의로 나아가는 몽테뉴의 사상을 엿볼 수 있게 한다. 사실 몽테뉴와 라 보에시의 우정을 살펴보는 일은 우리가 생각하는 것, 우리의 편협한 정신적, 물리적, 인종적 공간을 넘어서는 일이다. 또한 우리의 너머 멀리 있는 것처럼 보이는 것이 사실 우리의 곁에 늘 가까이 있었다는 자각을 하는 일이기도 하다. 그러므로 두 사람의 텍스트를 통해 만나게 되는 우정의 본질은 사실상 우리가 살고 있는 21세기 현실 속에서 시사하는 바가 크다. 몽테뉴의 『에세』 1권 28장은 식인종과 카니발리즘(cannibalisme)을 다루는 같은 권 31장 「식인종에 대하여 *Des Cannibales*」와 연계되며, 라 보에시의 『자발적 복종론』을 가로지르는 핵심적인 발상들과 연속적인 의미를 지님과 동시에 상호 침투하고 있다. 『에세』 31장의 카니발리즘을 읽으며 해독할 수 있는 의미는 서구라는 제한된 사회 공동체와 문화, 그리고 정치제도를 벗어나 인종과 피부색을 달리하는 생경한 타자들과의 만남이라는 보편적 형제애와 관련된 것이다.

이러한 배경에서 우리는 또한 몽테뉴와 라 보에시의 사고의 정수로 여겨지는 두 개념, 즉 '자발적 복종 *servitude volontaire*'과 '의지적 자유 *liberté volontaire*'에 방점을 두고 천착하려 한다.[7] 이 두 개념은 진정한 친구란 서로 공간적으로 떨어져 있어도 아무런 문제가 되지 않는다는 두 친구처럼, 서로 다른 성격의 텍스트들을 구성하는 개념임에도 근본적으로 공유하고 있는 정신적인 연대감을 발견할 수 있는 것으로 생각된다. 우리는 특히 '자유'와 '복종'이라는 외형상 대립되는 두 개념이 또 다른 차원에서는 서로 연계되어 전혀 다른 의미를 만들어 낼 수 있는지 보게 될 것이다. 두 개념은 사실 배제와 저항이라는 부정적인 의미를 벗어나 전혀 다른 방식으로 인간이 지닌 고결하고 숭고한 가치들을 상기시키고 있음을 보게 될 것이다. 이는 달리 말하자면, 타자를 배제한 예외적인 감정의 발로인 이들의 우정이 어떻게 보다 큰 사회적 실체에 적용되고, 나아가 인간 일반에까지 확대되어 작동될 수 있는 것인지, 그 궁금함에 대한 숙고이다. 이는 "나는 나에 대하여, 나 자신에 대해서만 확실히 말할 수 있을 뿐이다."[8]라는 몽테뉴이지만, "외부의 도움 없이 다만 자기의 무기로만 무장하고, 신의 은총과 지식을 받지 않은, 인간만을"[9] 외치는 몽테뉴를 알아보는 일이기도 하다.

---

7) 이 글에서 우리는 프랑스어 '*volontaire*'를, 이 단어가 수식하는 명사에 따라 '자발적'과 '의지적'이라는 우리말로 옮기기로 한다. 따라서 '*servitude volontaire*'는 '자발적 복종'으로, '*liberté volontaire*'는 '의지적 자유'로 옮긴다. 이 단어를 기계적으로 옮기지 않은 이유는 무엇보다 이것이 수식하는 '복종'과 '자유'라는 명사의 의미를 더욱 드러나게 해준다는 판단에서였다. 또 다른 이유는 몽테뉴에 대한 라 보에시의 지적인 영향은 상당했던 것으로 보이는데, 이러한 영향이 몽테뉴에게 옮겨가는 과정에서 그만의 자율성과 고유성으로 거듭났다는 점을 국역의 차이로 반영하고자하였다(서종석 2013 참조).

8) « *J'ose non seulement parler de moy, mais parler seulement de moy.* » (III.8.942)

9) « *l'homme seul, sans secours estranger, armé seulement de ses armes, et despourveu de la grace et cognoissance divine.* » (II.12.449)

II 자화상, 혹은 자기성찰

2

자화상, 혹은 자기성찰

"모두들 여기 생긴 그대로의 자연스럽고 평범하고
꾸밈없는 나를 보아 주기 바란다.
왜냐하면 내가 그리는 것은 바로 나 자신이기 때문이다.
내 결점들이 여기에 있는 그대로 나온다.
터놓고 보여줄 수 있는 한도에서
타고난 그대로의 내 생김을 내놓았다." (『에세』 「독자에게」)
« *Je veus qu'on m'y voie en ma façon simple, naturelle et ordinaire,*
sans contention et artifice: car c'est moy que je peins.
Mes defauts s'y liront au vif, et ma forme naïfve,
autant que la reverence publique me l'a permis. »
(*Essais*, Au lecteur)

우정은 무엇보다 타자와의 관계이다. 타자를 전제하기 때문이다. 내 밖에 있는 타자가 아니라 어느 새인가 내 안에 들어온 타자의 존재와 의미를 규정하는 일이다. 그리고 이를 통해 나 자신에 대한 숙고와 반성은 자연스럽게 진행된다. 복잡한 인간관계가 만들어 내는 삶의 고단한 과정은 인간이 태어나서 죽는 순간까지 이어지지만, 참된 우정은 이 과정 속에서 늘 우리를 흔들리지 않게 잡아주고 앞으로 나아갈 수 있는 동력을 준다. 그러므로 타자의 존재는 우정의 집에 함께 머무르면서 나를 온전히 비추는 훌륭한 거울이 되어 준다.

2.1. 자화상: 자기 그리기와 자기 글쓰기

플라톤, 아리스토텔레스, 플루타르크, 키케로 등, 고대로부터 수많은 서구의 철학자들이 유난히도 우정에 대해 많은 이야기들을 남겼다는 것은 주지의 사실이다. 그들은 다양한 인간관계 속에서 우정을 통해 얻는 삶의 경험을 자기 성찰(connaissance de soi)에 반드시 필요한 것으로 생각했다(Rolland, 2009: 125). 우리는 고전을 즐겨 읽고 사랑했던 몽테뉴도 자신의 우정을 묘사할 때 이 현자들의 우정관과 자연스럽고 긴밀하게 연결되고 있는 것을 쉽게 관찰할 수 있다. 몽테뉴에게 있어서도 우정은 라 보에시를 통해 자기를 성찰하는 긴 과정 속에서 그려나가는 삶의 초상이자, 살아갈 힘을 주는 경험의 기억이다. 몽테뉴가 자기 성찰을 하는 방식은 텍스트라는 화폭 위에 문자의 도움을 얻어 자신을 '그리는 것이다.' 『에세』는 일종의 그림이며 몽테뉴의 자화상이다. 루이 마랭(Louis Marin)의 흥미로운 표현을 빌자면, 『에세』는 "잉크 거울 *miroir d'encre*"(1999: 117)이다.

『에세』의 성격을 매우 효과적으로 특징짓는 이 마랭의 표현은 사실 몽테뉴의 『에세』가 새로운 양식의 자전적 글쓰기를 보여준다는 점과 관련된다. 미셸 보쥬르 (Michel Beaujour, 1980)에 따르면, 몽테뉴의 『에세』는 분명히 자전적인 내용을 담고 있는 텍스트이지만, 우리가 알고 있는 바의 자서전(autobiographie)의 한 유형으로는 분류할 수 없다고 주장한다. 보통 자서전들은 그 나름대로의 고유한 속성들이 있지만 『에세』는 이 형식에서 벗어난다는 것이다. 자서전이란, 아마도 우리가 잘 알고 있다시피, 연대기적으로 구성되는 특징을 지닌다. 독자들은 삶의 시작부터 어떻게 그 과정을 겪어 왔는지 자서전 저자가 마련한 연속적이고 정연한 시간의 축을 따라 그의 삶을 궤적을 좇아간다. 그러나 『에세』는 이러한 시간적 구성에서 일관성과 정연함을 보여주지 않고 불연속적인데다가, 다루는 주제들 역시 매우 혼란스럽고 이산적인 모습을 보이고 있다. 게다가 『에세』는 자서전 일반에서 공히 관찰되는 일종의 자기 정당화 전략보다는 오히려, 너무 솔직하다 못해 자기 폄하의 글쓰기가 빈번하기 관찰된다(Regosin, 1977: 20). 보쥬르는 이러한 이유에서 '자화상(autoportrait)'이라는 용어로 『에세』와 같은 텍스트들을 분류하고 있다.[1)] 이 자화상은 보쥬르의 표현을 빌자면, "'내가 과거에 한 일을 이야기하겠다는 것이 아니라 내가 누구인지를 당신에게 이야기하겠다.'라고 정의하는 게 맞다."(Beaujour, 1980: 10)

자화상은 거울을 필요로 한다. 화가가 자신의 초상화, 즉 자화상을 그리고 싶다면 거울을 매개로 그 속에 비친 자신의 모습을 화폭에 옮겨야 한다. 누구도 자신의 모습을 볼 수는 없기 때문이다. 그러나 거울에 비친 자신의 모습은 허상에 불과하다. 그리고 이 허상을 재현한 화폭의 모습과 구분된다. 그럼에도 불구하고 우리는 누구라도 거울 속에 비친 자신의 모습을 보고 '이것은 나다(*c'est moi*)'라며 자신의 정체성을 인정한다. 거울 이미지는 자기이자 동시에 자기가 아닌 운명이다(Marin, 1999, 129~131). 거울이 보여주는 모습과 그 거

---

1) '자기에 대한 글쓰기' 형식을 호칭하는 방식은 상당히 다양하다. 마치 자기의 삶을 규정하는 방식의 다양성이 그 표현과 형식의 다양성을 있게 했는지 모른다. 삶을 글로써 재현하는 방식은 화가의 자화상의 표현 형식만큼이나 다양한 것이어서, 다양한 글쓰기 방식을 특정한 몇 가지 유형으로 범주화하는 일은 쉽지 않다. 보쥬르는 '자화상'이라는 범주에 몽테뉴의 『에세』 외에도, 미셸 레리스(Michel Leiris)의 『성년 *L'âge d'homme*』, 앙드레 말로(André Malraux)의 『반회고록 *Antimémoires*』 등과 같은 작품을 넣고 있다(서종석, 2014 참조).

울을 보고 화폭에 옮겨진 모습 사이에는 무엇이 존재할까? 리쾨르에 따르면, "거울에 비친 나(le moi)와 그림 속에 재현된 자아(le soi) 사이에 그림을 그리는 예술과 행위, 자기 자신을 묘사하는 예술과 행위가 놓여 있다."(Ricoeur, 1994: 15) 자신의 모습을 새로운 형태로 재현하는 행위는 창조와 허구의 세계로 진입하는 것이다. 그것은 새로운 재현 수단을 통해, 존재하는 것을 새로운 방식으로 다시 만드는 미학적 해석이자 재구성의 활동이기 때문이다. 이러한 의미에서 자화상은 새로운 '나'를 만들어 내는 행위이다. 자화상을 보는 것은 공시적(synchronique) 시간 속에서 재현된 '만들어진 나'를 보는 것이다. 그렇다면 문자 언어를 통해 텍스트에 그려진 몽테뉴의 자화상은 어떤 성격을 갖는 것일까? 그가 우리에게 소개해주는 진정한 우정은 진실과 허구 사이에서 어떤 모습으로 우리에게 다가오는 것일까? 몽테뉴의 거울은 무엇인가? 몽테뉴가 「우정에 대하여」 장을 통해 우리에게 보여주는 그의 자화상의 일부를 감상하기 전에 이 간단하지만 복잡해 보이는 질문에 대한 답을 찾아보도록 하자.[2)]

위에서 우리가 규정한 것처럼 『에세』를 몽테뉴의 자화상으로 본다면, 우정 혹은 「우정에 대하여」 장은 그의 '자기 그리기'의 주요한 부분을 구성한다. 폴 리쾨르(Paul Ricoeur)는 화가가 거울의 도움을 빌

2) 물론 우리가 여기서 염두에 두어야 하는 것은 본래 회화적인 성격의 '자화상'의 재현 수단과 특성들이 텍스트적 자화상과는 근본적으로 다르다는 점이다. 그림으로서 자화상의 형태는 공시적인데 반해, 문자로 구성된 자화상의 경우는 자기의 이야기를 한다는 점에서 통시성(diachronie)의 문제가 제기된다(Maclean, 1996: 70, 각주1). 그러나 나는 이러한 주장에 완전히 동조하지는 않는다. 이러한 시각에는 회화와 언어라는 특징적 자질에 근거해서 두 유형의 재현방식을 구분하는 것인데, 아마도 일반적인 차원에서는 맞는 주장일 수도 있다. 하지만 『에세』라는 텍스트는 오히려 통시적인 환경 안에 공시적인 요소들이 곳곳에서 관찰된다. 이는 『에세』가 연대기적으로 매우 일관적이지 못한 특성을 보이는 이유들 중의 하나라고 해석할 수 있을 것이다.

어 보이지 않는 자신을 화폭에 담아 자기를 보는 작업을 화가의 "반성적 성찰 *examen de conscience*"(1994: 15)이라고 규정한다. 이러한 자기 성찰은 도구와 성격만 다를 뿐이지 글로서 자기를 그리는 행위에도 마찬가지로 적용된다. 몽테뉴는 '화가'가 되어 『에세』의 도처에서 자신을 종이 위에 표현하고자 하는 욕망을 드러낸다. 그것은 자신을 그리려는 욕망뿐만 아니라 이를 통해서, 있는 그대로의 자신의 모습을 다른 이들 – '독자'라고 부를 수 있을 – 에게도 있는 그대로 보이고 싶어 하는 욕망이기도 하다.

『에세』를 읽다보면 몽테뉴가 유난히도 회화적 발상의 그림 은유에 많은 의지를 하고 있음을 볼 수가 있는데, 이것을 보면 보쥬르가 『에세』를 '자화상'이라는 유형으로 분류한 것이 새삼 설득력 있게 다가온다. 마치 우리가 사진이 현실을 있는 그대로 보여주는 이미지라고 생각하듯이, 몽테뉴는 자화상이 자기의 있는 그대로의 모습을 하나도 빠짐없이 그대로 보여줄 수 있는 효과적인 수단이라고 생각하고 있는 듯하다. 『에세』 2권 17장 「교만에 대하여 *De la praesumption*」에서 발췌한 다음 구절은 이를 잘 보여주는 한 예이다.

> "나는 어느 날 바를르뒤크에서 사람들이 시칠리아 왕 르네의 은덕을 추모하며 왕이 그린 자화상을 프랑수아 2세에게 바치는 것을 보았다. 그가 화필로 자기를 그린 것을 어째서 작자는 펜으로 자기를 그려서는 안 되는가? 그 때문에 나는 사람들 앞에 내놓기는 적당치 않은 이런 흉까지도 잊어버리지 않고 그려보는 것이다. 그것은 세상일의 교섭에 대단히 불리한 결함인 우유부단함을 말하는 것이다. 나는 성공이 의심스런 계획에는 좀처럼 결심이 서지 않는다."[3)]

---

3) « *Je vis un jour, à Barleduc, qu'on presentoit au Roy François second, pour la recommandation de la memoire de René, Roy de Sicile, un pourtraict qu'il avoit luy-mesmes fait de soy. Pourquoy n'est-il loisible*

『에세』를 그림으로서 이해하는 일은 영 근거가 없는 것은 아니다. 사실 '그림을 그리다'라는 뜻의 프랑스어 동사 '*peindre*'와 글을 쓰다라는 의미의 '*écrire*'가 본래 어원적으로도 모호할 만큼 밀접히 결부되어 있기 때문이다(Nakam, 1991: 261). 화가가 붓으로 자신을 그리는 것처럼 작가도 화가처럼 펜으로 자기를 그릴 수가 있다는 주장에는 단점이나 허물까지도 드러낼 수 있다는 자화상에 대한 믿음과 더불어 자신을 온전히 드러내겠다는 다짐까지 담고 있다.

독자들을 사로잡는 『에세』의 여러 창조적인 생각들은 많은 점에서 그림 은유의 도움을 받고 있다 점은 잘 알려진 사실이다. 특히 일부 연구에서는 『에세』 제 3권을 지배하는 주된 사상이 회화적인 발상을 토대로 표현되고 있는 것으로 해석된다.[4] 또한 이와 관련해서, 몽테뉴가 '그리다(*peindre*)'를 '손으로 쓰다(*écrire à la main*)'의 의미로 사용하는 예도 발견된다(Arasse, 2006: 168). 「키케로에 대한 고찰」에서 몽테뉴는 이렇게 얘기한다.

"나는 언제나 편지를 급하게 쓴다. 너무 서두르기 때문에 도무지 읽을 수 없이 나쁘게 써 나가지만, 다른 사람의 손을 빌리기보다는 내 손으로 쓰기를 좋아한다. 왜냐면 내 생각을 좇아서 쓸 수 있는 자도 없으며, 나는 내 편지를 다시 베껴 쓰지

---

de mesme à un chacun de se peindre de la plume, comme il se peignoit d'un creon? Je ne veux donc pas oublier encor cette cicatrice, bien mal propre à produire, en public: c'est l'irresolution, defaut tres-incommode à la negociation des affaires du monde. Je ne sçay pas prendre party és entreprinses doubteuses. » (II.17. 653-654)

4) 이에 대한 구체적인 논의는 Nakam(ibid., chap.19)를 참조하기 바람. 또한 아라스(ibid.)에 따르면 몽테뉴의 사상이 형성되는 데에 시각예술과 조형예술이 많은 영향을 주었다. 『에세』와 회화의 연관성에 대한 보충적인 논의에 대해서는 Legros(2007) 참조.

않기 때문이다."[5]

그러나 자화상을 만드는 작업은 거울을 필요로 한다. 자신이 어떻게 생겼는지 알 수가 없었던 몽테뉴는 거울이 없는 자신을 안타까워했다. 몽테뉴의 "몽테뉴의 유일한 거울"(Starobinski, 1993: 85)은 라 보에시다. 참된 우정은 자신을 비춰주는 진실한 거울을 만들어 준다. 그러나 죽음은 몽테뉴에게서 이 거울을 앗아가 버렸다. 타자로서 다가와 결국엔 자아가 된 존재, 라 보에시. 그러나 몽테뉴의 삶에서 라 보에시라는 존재의 의미를 분석하기는 쉽지 않다. 아래 소개된 인용문은 우리에게 라 보에시의 존재가 몽테뉴에게 어떤 존재였는지 짐작하게 해준다. 물론 여기서 '그'는 라 보에시를 말한다. 라 보에시가 자신에 대해 알았던 그대로의 모습을 몽테뉴는 알고 싶어 한다.

> "나의 초상화를 위해 온전히 나를 맡길 수 있는 사람은 아무도 없다. 오직 그만이 나의 진정한 모습을 알고 있었고, 그것과 더불어 떠나가 버렸다. 이런 이유로 내가 이토록 주의 깊게 내가 누구인지 알려고 애쓰고 있는 것이다."[6]

이 인용문은 현재 우리가 읽는 『에세』에는 나오지 않는 구절이다. 『에세』는 출판된 이후 간단없는 수정과 가필 과정을 겪었다. 이 인용

---

5) "*J'escris mes lettres tousjours en poste, et si precipiteusement que, quoy que je* ***peigne*** *insupportablement mal, j'ayme mieux* ***escrire de ma main*** *que d'y en employer un'autre, car je n'en trouve poinct qui me puisse suyvre, et ne les transcris jamais.*" (I.40. 253. 강조는 필자의 것임)

6) « *Il n'y a personne à qui je vousisse pleinement compromettre de ma peinture: luy seul jouyssait de ma vraye image et l'emporta. C'est pourquoi je me deschiffre moy-mesme si curieusement.* » (III.9.961, note3. 1588 판)

문도 이 과정에서 삭제된 수많은 사고의 조각들 중의 하나이다. 정확히는 1588년 이후 삭제된 부분인데, 몽테뉴의 정체성이나 우정의 문제와 관련하여 중요한 의미를 담고 있다. 수정과 가필을 통해 사라지거나 나타난 흔적들을 살펴보는 일은 곧 그의 생각이 어떻게 변화되고 진행되어 갔는지 짐작할 수 있는 단초를 제공해 준다. 이 사라진 언술도 시간을 따라 변해가는 몽테뉴의 사고의 흐름과 더불어, 그의 삶에서 친구와 우정이 차지하고 있는 무게와 비중을 알려준다.

이 인용문은 몽테뉴가 친구라는 또 다른 자아의 존재를 통해 자기에 대한 인식과 정체성을 만들어 갔다는 점을 보여준다. 끊임없이 변하는 자기의 불안정한 정체성에 대해, 나의 또 다른 자아로서 친구가 간직하고 있는 나의 모습은 진정한 것이다. 진정한 친구가 나의 '진짜 모습'을 간직하다면, 이 모습이 나의 여러 모습들 중 일부이거나 아니면 추상화된 이미지를 의미하지는 않는다. 그것은 가변적이고 변화무쌍한 나의 모습을 포함하는, '진짜' 친구만이 보여줄 수 있는 있는 그대로의 나의 '자화상'이다. 지나간 시절, 라 보에시라는 거울은 젊은 몽테뉴를 가시화하고 볼 수 있게 해주었다. 그러나 라 보에시가 세상을 떠난 이후 몽테뉴 자신도 세월을 못이기고 늙어갔다. 스타로벵스키(Starobinski, ibid.: 85-86)는 몽테뉴가 라 보에시라는 그의 유일한 거울을 통해 그가 알 수 있었던 진정한 자신의 이미지, '청년 몽테뉴'의 모습은 아마도 영원히 되찾을 길이 없는 것이라고 지적한다. 아래에서 살펴보겠지만, 「우정에 대하여」 장의 서두에서도 친구라는 잃어버린 자아, 그 빈자리에 대한 그의 깊고 우울한 소회를 느낄 수 있다.

자신의 모습을 알 수 없는 몽테뉴에게 자기를 그리는 일은 '에세 essai'라는 단어가 의미하듯이 '시도'이다. 『에세』는 수많은 '시도들'을 담고 있다. 사라진 거울을 떠올리며, 몽테뉴는 『에세』에 대한 수정과 가필 작업을 하며 죽기 전까지 끊임없이 자신을 그려나갔다. 몽테뉴는 이 작업을 통해서 '나는 무엇인가', '나는 누구인가' 등, 자기의 정체성과 성찰에 대해 끊임없는 질문을 해나갔다.

> "세상 사람들은 늘 서로 상대편을 바라다본다. 나는 내 눈을 내 안으로 향하여, 거기에다 시선을 집중하고는, 그 안을 부지런히 둘러본다. 저마다 자기 앞만 쳐다본다. 나는 내 속을 들여다본다. 나의 관심사는 오직 나밖에 없다. 나는 끊임없이 나를 고찰하고 검토하며 맛본다. [...] 나는 내 안을 굴러다닌다.[7]

라 보에시에 대한 몽테뉴의 의존에 대해 메를로 퐁티(Maurice Merleau-Ponty)는 "몽테뉴에게 존재한다는 의미는 그의 친구의 시선하에 머무르는 것이다."(Merleau-Ponty, 1960: 337)라고 지적한다. 아마도 이러한 평가는–다시 언급하겠지만–라 보에시에 대한 몽테뉴의 지적인 종속성이나 열등감을 불러일으킬 수도 있다. 혹은 다른 관점에서 표현하자면, 우리가 알고 있는 몽테뉴, 『에세』를 통해 발견된 몽테뉴는 라 보에시와의 우정에서 배태된 것이라고 말할 수 있을 것이다.

2.2. 진실과 허구사이

사실 자기를 '그려서' 독자들에게 보여주고자 하는 이 은유적인 발상은 『에세』의 시작 부분인 「독자에게 *Au lecteur*」부터 출현한다. 「독자에게」는 세 권으로 구성된 『에세』를 대표하는 서문이다. 이 서문은

7) « *Le monde regarde tousjours vis à vis; moy, je replie ma veue au dedans, je la plante, je l'amuse là. Chacun regarde devant soy; moy, je regarde dedans moy: je n'ay affaire qu'à moy, je me considere sans cesse, je me contrerolle, je me gouste. [...] moy je me roulle en moy mesme.* » (II.17.657-658)

세 권의 양에 비해 매우 짧은 것이 특징이지만 그렇다고 해서 그 내용은 절대로 빈약하지 않다. 이 간결한 텍스트를 통해서 독자들은 몽테뉴가 『에세』를 작성한 목적, 글쓰기에 대한 마음가짐 등이 여기에 담겨져 있기 때문이다. 이 「독자에게」에서도 역시 그의 회화적 정신은 부족하지 않다. 「독자에게」는 동사 '그리다(*peindre*)'가 두 번에 걸쳐 사용되면서 자화상으로서, '잉크 거울'로서 『에세』의 시작을 알려주고 있다. 아래는 「독자에게」의 전문이다.

> 「독자에게」
>
> 독자여, 여기 이 책은 진심을 담아 썼음을 밝힌다. 이 작품은 처음부터 내 집안일이나 개인적인 일을 말해보는 것밖에는 다른 어떤 목적도 있지 않았음을 말해둔다. 이것은 추호도 나의 선대를 위해서나 내 영광을 생각해서 한 일은 아니다. 그것은 내 힘에 겨운 일이다. 다만 나의 친인척과 친구들의 편의를 도모하기 위한 것으로, 내가 세상을 떠난 뒤에 (오래잖아 그렇게 되겠지만) 그들이 내 어떤 모습이나 기분의 몇 가지 특징을 이 책에서 찾아보며, 나에 대해 알고 있는 지식을 더 온전하고 생생하게 간직하도록 하려는 것이다. 이것이 세상 사람들의 호평을 사기 위한 것이었다면, 나는 자신을 좀 더 잘 장식하고 조심스레 연구해서 내보였을 것이다. 모두들 여기 생긴 그대로의 자연스럽고 평범하고 꾸밈없는 나를 보아 주기 바란다. 왜냐하면 내가 그리는 것은 바로 나 자신이기 때문이다. 내 결점들이 여기에 있는 그대로 나온다. 터놓고 보여줄 수 있는 한도에서 타고난 그대로의 내 생김을 내놓았다. 만일 내가 아직도 대자연의 태초의 법칙 아래 감미로운 자유를 누리며 살고 있다고 하는 저 민족들 속에서 태어났다면, 나는 기꺼이 완전히 발가벗은 나 자신을 적나라하게 그렸을 것이라는 것을 장담한다. 그러나 독자여, 여기서는 나 자신이 바로 내 책의 재료이다. 이렇게도 경박하고 헛된 일이니, 그대가 한가한 시간을 허비할 거리도 못될 것이다. 그러면 안녕.
>
> 1580년 3월 1일 몽테뉴

독자에 대한 짧은 고백 문처럼 제시된 이 텍스트의 아래에는 몽테뉴의 이름과 함께 작성 연월일이 남겨져 있다. “한 사람 그리고 책 한 권(*Un homme, un livre*)”[8], 몽테뉴는 곧 『에세』이며, 『에세』가 곧 몽테뉴라는 선언이다. 「독자에게」가 작성된 시기는 『에세』 1권과 2권의 일부 장들이 저술이 끝나고 난 이후인 것으로 알려져 있다. 『에세』의 「보르도판 Exemplaire de Bordeaux」의 디지털 이미지들을 보면 잘 알 수 있듯이,[9] 『에세』 전체의 내용에 대해 오랜 기간 동안 저자의 가필과 수정이 이루어진 것에 비해, 상대적으로 「독자에게」는 최소한의 수정만 가해져 내용적으로 큰 변화가 없이 현재에 이르고 있다. 어쩌면 이는 그의 마음가짐이 크게 달라지지 않았다는 것을 말해주는 지도 모른다.

『에세』의 ‘사용법’과 같은 이 짧은 글에서 우리의 눈을 사로잡는 것은 역시나 ‘그리다’라는 동사이다. 몽테뉴가 독자를 호출하는 것은 무엇보다 자신이 펜으로 그리는 자화상이 진실한 것만을 담고 있다는 점을 내세우기 위해서이다. “내가 그리는 것은 바로 나 자신이다. *c'est moy que je peins.*” 그리는 행위의 주체와 대상이 모두 같은 사람인 것이다. 이는 달리 말하자면, 몽테뉴는 여기서 『에세』 전체에 걸쳐 탐구해 나아갈 자신의 목표와 방법을 동시에 드러내고 있는 것이다. 자화상의 목적은 주체인 ‘나 Je’가 ‘나 moi’를 성찰적 시선으로 대상화하면서 객관적으로 관찰하겠다는데 있다. ‘내가 그리는 것은 바로 나 자신’이라는 말은 몽테뉴의 그런 의지를 보여준다. 그러나 자신을 그리는 것이 쉬운 일은 아니다. 그것은 무엇보다 이 변화무쌍한 세상 때문

---

8) 이 표현은 ‘*Les Essais*, J. Basalmo, M. Magnien et C. Magnien-Simonin éd., Bibliothèque de la Pléiade, Gallimard, 2007’의 서문 제목을 빌려온 것이다.

9) 「Montaigne Project – http://www.lib.uchicago.edu/efts/ARTFL/projects/montaigne/참조.

이다. 몽테뉴는 이 세계가 끊임없이 움직이며 변해가며 그 속에서 살아가는 인간의 삶도 함께 흔들리고 움직인다고 생각한다.

> "세상은 영원한 움직임에 불과하다. 거기서는 모든 일이 끊임없이 흔들린다."[10]

끊임없이 움직이고 변화하는 세상 속에 놓인 '나'의 진정한 모습이 무엇인지 분간하고 이를 그려낸다는 것은 어쩌면 애초부터 불가능한 일일지도 모른다. 시간의 흐름과 더불어 고정되지 못하고 흔들리며 변화해가는 자신을 화폭에 온전히 옮겨 놓을 수 없다는 것을 몽테뉴는 잘 알고 있다. "지금의 나와 조금 전의 나는 확실히 둘이다."[11] 수많은 가필과 수정작업이 그 증거다.

> "나는 내 대상, 즉 나 자신을 분별해 내지 못한다. 그는 늘 타고난 취몽으로 혼돈 속에 비틀거리며 간다. 나는 그가 있는 대로 그에게 흥미를 갖는 그 순간에 그를 잡아낸다. 나는 그 존재를 그리지 않는다. 나는 그 과정을 그린다. 한 연대에서 다른 연대로, 또는 사람들 말마따나 7년씩의 과정이 아니라, 매일 매순간의 과정을 그리는 것이다. 내 이야기는 시간에 맞춰가야 한다."[12]

따라서 몽테뉴의 잉크 거울을 통해 재현된 대상은 박제된 자화상

10) « *Le monde n'est qu'une branloire perenne. Toutes choses y branlent sans cesse.* » (III.2. 805)

11) « *Moy à cette heure et moy tantost sommes bien deux.* »(III.9.964)

12) « *Je ne puis asseurer mon object. Il va trouble et chancelant, d'une yvresse naturelle. Je le prens en ce point, comme il est, en l'instant que je m'amuse à luy. Je ne peints pas l'estre. Je peints le passage: non un passage d'aage en autre, ou, comme dict le peuple, de sept en sept ans, mais de jour en jour, de minute en minute. Il faut accommoder mon histoire à l'heure.* » (III.2.805)

이 아니라 시간의 흐름을 따라 변해가는 과정을 온전히 담고 있다. 달리 말하면 몽테뉴의 자화상은 렘브란트(Rembrandt)의 경우에서 보는 것처럼, 수많은 자화상들의 총화로서 자화상 주인의 변화된 모습을 볼 수 있는 것이 아니라, 하나의 자화상에 수많은 즉각적 자아들이 함께 나타나는 모순들을 보여준다. 렘브란트의 수많은 '공시적' 자화상들과 비교해 볼 때, 몽테뉴의 자화상은 변화되는 시간의 과정을 머금고 있는 하나의 그림으로 재현된다. "내 책은 언제나 하나다. *Mon livre est tousjours un.*"(III.9.964). 이러한 의미에서 『에세』라는 자화상은 불완전한 일련의 초상화들이 아니라, 책 전체가 단 한 점의 동일한 자화상이라고 규정할 수 있다 (Nakam, ibid., 192, 보다 자세한 논의는 서종석 2014 참조).

그러나 더욱 궁금해지는 것은 '유일한 거울'이 사라진 후 만들어진 자화상이 그의 진실한 모습을 담고 있는가이다. 이는 진실과 허구 사이에 놓인 『에세』라는 자화상의 진정성을 묻는 것이기도 하다. 우선 '독자'라는 개념부터 살펴보도록 하자. 독자의 믿음이 책의 진정성을 담보하기 위해 매우 중요한 존재인 듯, 몽테뉴는 『에세』의 문(門)인 「독자에게」를 빌어 책의 진정성에 대한 호소를 아끼지 않는다. 그런데 「독자에게」가 담고 있는 '독자'층은 상당히 제한적인 것처럼 느껴진다. 왜냐하면 몽테뉴가 책을 짓게 된 동기가 자신이 죽고 난 후, "친인척과 친구들 *mes parens et amis*"이 고인을 추억할 수 있도록 하기 위한 것임을 밝히고 있기 때문이다. '독자'라는 단어가 일반적으로 뜻하는 의미에 기대어 생각해 보면 몽테뉴의 독자는 상당히 제한적이다. 독자라는 말 자체가 저자는 알 수 없는 잠재적이고 추상적인 대상이지만, 그 범주에 들어갈 수 있는 대상을 제한하는 순간 '독자'인 우리는 이내 혼란스러워 진다.

그러나 몽테뉴의 의도는 다른 곳에서 이야기 하고 있듯이 그의 "변변찮고 광채 없는 삶 *une vie basse et sans lustre*"(III.2. 805)이라는 생생한 자신의 그대로의 모습을 전달하겠다는 점을 강조하는데 있을 것이다. 투르농(Tournon, 2000: 293)에 따르면, 바로 이것이 몽테뉴의 독창적인 면을 보여주는 것이다. 몽테뉴라는 인물의 이 어떻다는, 평소의 모습을 잘 알고 있는 "친인척과 친구들"을 내세우면서, 어찌 보면 의미 없어 보이는 세세하고 시시콜콜한 점들을 담아내려고 했다는 데 주목해야 한다는 것이다. 사실 몽테뉴는 『에세』 2권 18장 「반증에 대하여 *Du démentir*」에서 자신의 책이 반드시 지인들만을 위한 것은 아니며, "대중에게 알려주려는 의도도 없지 않다 *non sans dessein de publique instruction*"(II.18. 665)는 점을 명시적으로 내비치고 있다. 이러한 의도 속에서 좀 더 의미를 찾자면, 『에세』가 비록 몽테뉴라는 개인의 일상사와 관련된 것이지만, 이를 넘어서 사회라는 보다 넓은 차원으로 나아가면서 인간 전반으로 자기 정체성에 대한 탐구를 확대시킬 수 있을 것이라는 점이다. 물론 이러한 의미부여는 우정의 문제에도 적용할 수 있을 것이다.

몽테뉴가 책의 진정성을 역설하는 방식은 다양한 수단으로 이루어진다. 우선 사용된 시제가 현재시제여서 텍스트에 대한 신뢰감을 높여준다. 또한 말미에 놓인 저자의 이름과 작성 날짜는 마치 계약서의 서명 방식을 상기시킨다. 몽테뉴의 생일이 2월 28일이므로, 이 텍스트 아래에 이름과 더불어 적힌 1580년 3월 1일이라는 날짜는 상징적인 의미를 갖는 것으로 보인다. 그러니까 이 텍스트는 47번째 그의 생일 다음날을 날짜로 담고 있다.[13] 숫자는 다른 기호들과 비교하여 그

13) 몽테뉴의 가필과 수정은 어휘의 교체나 수사학적인 단순한 교정으로 치부해도 될 부분도 있지만, 이와는 달리 유의미한 해석을 요구하는 부분들도 상당히 존재한다. 가필과 수정은 매우 오랜 시간을 두고 이루어진 것이

자체로 실재적이고 신뢰감을 준다(서종석, 2014 참조). 아울러 일련의 부정어들을 사용은 책의 내용에 대한 그의 진실성과 성실함을 더욱 강조하고 강화하는데 기여한다.

보다 우리의 눈에 띠는 대목은 윤리적인 성격의 강한 어조들과 표현들이다. "진심을 담아 *de bonne foy*"는 거짓말이나 허구와는 차별화한다는 심정의 표현이다. "진심을 담아" 저자의 삶을 보여 주되, 그 모습은 "통째로 적나라하게 *tout entier, et tout nud*"하게 담아낼 것을 단언한다. 이는 언어로 표현된 자신의 자화상과 실제의 삶 사이에 완전한 일치와 투명함을 보증하는 저자의 자신감과 확신의 표현이다. 그것은 또한 불순한 목적으로 쓰인 또 다른 글쓰기들과 자신의 것을 구분 지으려는 시도일 뿐만 아니라, 자신에게 향하는 굳건한 다짐이기도 하다. 이어진 첫 번째 문장("*Il t'advertit...* ")[14] 은 저자의 글쓰기가 어떤 마음에서 시작되었는지 보여주며 글의 진정성을 보다 더 강

므로 그의 의식의 변화가 그 사이에 어떻게 이루어졌는지 알 수가 있다. 이러한 점은 「독자에게」의 경우도 예외는 아니다. 「독자에게」에 대한 내용의 수정이 최소한도로 이루어졌지만, 몽테뉴 연구자들이 보다 주목하고 있는 부분은 텍스트 하단의 서명 날짜이다. 「독자에게」는 단순한 서문이 아니라, "47살 생일 다음날, 1580년 3월 1일, 몽테뉴와 독자 사이에 맺어진 계약"(Nakam, op.cit., 205)을 선포하는 자리로 해석할 수 있다. 이 날짜는 이 전의 몽테뉴와는 완전히 단절된 새로운 존재로서 몽테뉴의 탄생을 알리는 것이다(Starobinski, 1993, 28~29). 이러한 해석들과 더불어 아라스(Arasse, 2006)의 관점도 흥미로운데, 자세한 설명에 대해서는 서종석(2014)을 참조 바람.

14) 또 하나 간과할 수 없는 사실은 몽테뉴가 '독자'에 대해 '*vous* 사용하기(vouvoiement)'가 아닌 '*tu* 사용하기(tutoiement)'를 하고 있다는 점이다(« *Il t'advertit...* »). 인칭대명사 'vous'와 'tu'는 그 사용에 따라 대화상대자들 간의 거리와 친밀함을 담기도 한다. 가족 간에도 존칭을 사용하는 당시의 예법을 고려해보면, '*tu*'의 사용은 상당히 의미 있는 발화체로 생각해 볼 수 있다. 아마도 이는 독자들에게 언어적 표지가 주는 친밀한 감정을 매개로 정서적으로 다가서려는 저자의 의도이자, 매우 가까운 자신의 지인들의 범주로 독자들을 초대하려는 것인지도 모른다(서종석, 2014 참조).

화해줌으로써, 이 서문을 독자를 향한 일종의 윤리적인 선언문으로 만드는데 기여한다.

그런데 이러한 윤리적 선언이 저자에서 독자로 이어지는 일방적인 모노로그는 아닐 것이다. 몽테뉴는 독자에게 일종의 대화를 건네는 것으로 해석할 수 있다. "나는 쉽사리 남의 말을 믿는다. *Je me fie ayseement à la foy d'autruy.*"(I.5.27). 1권 5장 「포위당한 요새의 장수가 적과의 강화를 위해 성을 나간다면 *Si le chef d'une place assiegée doit sortir pour parlementer*」 장에 나오는 이 구절을 이 서문의 문맥에서 읽어 본다면, 독자에게도 자신의 진심을 믿어달라는 신뢰의 계약을 주문하는 것으로 이해해 볼 수도 있을 듯하다. 진심을 드러내 보인다는 것은 상대에 대한 신뢰감을 보이는 것이자, 동시에 자신과 같은 행동을 상대에게도 요구하는 것이다. 다시 말해서 계약서가 언제나 양방향의 신뢰를 요구하는 것처럼, 몽테뉴는 독자에게도 같은 것을 요구하며, 독자의 몫으로 남겨질 책에 대한 믿음을 신뢰의 계약으로 주문하는 것으로 해석해 볼 수 있다. "나는 쉽사리 남의 말을 믿는다."는 언술이 간직한 저자의 순수성과 진실성은 또 다른 언술의 내용과 연결된다. 몽테뉴는 『에세』라는 책을 지어내는 일이 특별하게 자신에게 이득이 될 것이 없으므로 거짓말을 할 필요도 없다고 하면서 "나 자신이 바로 내 책의 재료이다 *je suis moy-mesmes la matiere de mon livre*"라고 언명한다. 이 언술은 "내가 그리는 것은 바로 나 자신"이라는 언술과 더불어 내용적으로 「독자에게」의 정점을 이루고 있다. 몽테뉴가 『에세』를 통해 자신의 있는 그대로의 모습을 보여주겠다는 의지는 여러 곳에서 발견된다. 예를 들어, 『에세』 2권 10장 「책에 대하여 *Des livres*」에서 몽테뉴는 자신의 글쓰기 방식과 더불어 그 내용의 진정성에 대해 이렇게 이야기 한다.

"나는 내 글을 질서 있게 정렬시켜 줄 조력자가 없어, 그저 되는 대로 나열해 놓을 뿐이다. 내 몽상이 솟아오르는 대로 그저 쌓아갈 따름이다. 때로는 몽상들이 뭉쳐져 밀려오고, 때로는 한 줄로 길게 뻗어 온다. 나는 생각들이 아무리 산만하고 무질서해도, 그것은 내가 타고난 방식인 것을 사람들이 알아주기 바란다. 나는 있는 그대로의 나를 내놓는다."[15)]

그런데 이렇게 독자에 대한 호소가 명시적으로 보여주는 것은 독자라는 이름으로 숨은 '타자의 시선'이다. 이것은 말 그대로 자기가 아닌 타자와 내 안의 타자를 말한다. 하나는 때로 나의 행동에 제약을 둘 수 있는 강력한 힘을 발휘할 수 있는 존재이고, 다른 존재는 내적인 대화로 이끌 수 있는 존재이다. 이 있다. 내 안과 밖에 존재하는 타자들은 서로 유리되지 않고 연계되어 있다. 자화상을 그린다는 것, 그것은 내부를 향한 시선과 더불어 나를 둘러싼 세계에 존재하는 타자들의 시선을 필요로 한다. 즉 자아 성찰로 이끄는 존재들은 바로 이 타자들이다.

「독자에게」의 독자는 말 그대로 『에세』라는 책을 열고 그 내용을 읽어나가는 잠재적인 모든 주체들을 의미한다. 따라서 여기에는 몽테뉴 자신도 포함된다. 몽테뉴는 자기 글에 대한 최고의 훌륭한 독자였다. 그는 읽고 또 읽고 가필과 수정을 한 주체였기 때문이다. 그는 「독자에게」가 함의하는 두 유형의 독자들과는 다른 힘을 지닌 독자였다. 누구보다도 제일 많이 『에세』를 읽을 수밖에 없었을 그는 『에세』 초판

---

15) « *Je n'ay point d'autre sergent de bande à ranger mes pieces que la fortune. A mesme que mes resveries se presentent, je les entasse; tantost elles se pressent en foule, tantost elles se trainent [Image 0169v] à la file. Je veux qu'on voye mon pas naturel et ordinaire, ainsin detraqué qu'il est. Je me laisse aller comme je me trouve.* » (II.10.409)

출판 이후 세상을 떠날 때까지 책의 구성과 내용에 적극적으로 개입한 독자였다. 따라서 "「독자에게」는 지인들이 알고 있는 '나', 세상 사람들이 알고 있는 '나', 내가 바라보는 '나' 등, 『에세』 전체에 걸쳐 만나가될, 여러 유형의 '타자의 시선들'이 교차하고 어우러지는 예고의 장이다."(서종석, 2014)

'내가 그리는 것은 바로 나 자신'이라는 것은 결국 나를 대상화하여 그리는 행위이다. 그리고 이 행위 역시 누군가의 시선을 의식하고 그리는 행위가 될 수가 있다. 「독자에게」에서 우리는 자기 밖 타자의 시선을 의식하는 몽테뉴의 모습을 발견할 수 있다. 이것은 『에세』의 본질과 직결되는 문제이자 진정성을 부르짖는 서문의 내용에 비추어 모순으로 다가온다. 몽테뉴는 「독자에게」를 통해 자신의 진솔한 마음뿐만 아니라, 누구나 자신이 속한 시대와 사회, 그리고 문화에서 자유롭지 못한 것처럼 책의 한계, 곧 자신의 한계에 대해서도 고백한다. "만일 내가 아직도 대자연의 태초의 법칙 아래 감미로운 자유를 누리며 살고 있다고 하는 저 민족들 속에서 태어났다면, 나는 기꺼이 완전히 발가벗은 나 자신을 적나라하게 그렸을 것이라는 것을 장담한다."[16)] 이는 위에서 살펴보았던 독자에 대한 진정성의 호소들과는 명백히 모순되는 언술이다. 간략한 서문 안에는 이렇게 상치하는 고백들이 자리 잡는다. 그러나 이러한 모순의 노출은 역설적으로 『에세』 저자의 솔직한 마음을 드러내는 것으로 볼 수 있다. 자신의 한계를 드러내는 모습조차도 어떤 의미에서는 독자들의 신뢰감을 높여줄 수 있는 것이

16) « *Que si j'eusse esté entre ces nations qu'on dict vivre encore sous la douce liberté des premieres loix de nature, je t'asseure que je m'y fusse tres-volontiers peint tout entier, et tout nud.* »(Au lecteur) "저 민족들"이란 아마도 1권 31장 「식인종에 대하여」에 나오는, 자연이 준 인간 본성을 그대로 간직한 채 살아가고 있는 원주민들을 말하는 것으로 판단된다.

다. 몽테뉴는 스스로 자신 있게 보여주지 못하는 것들은 독자가 판단할 수 있도록 내버려 둔다. 한계를 드러내는 인간의 약한 모습은 그것을 드러낼 때 오히려 진실로 다가서는 진정한 용기라고 할 수 있다.

이 지점에서 『에세』의 서문은 우리에게 삶의 역사와 자전적 글쓰기가 일치할 수 있는가에 대한 문제를 제기한다. 이는 자기의 삶을 이야기하는 일, 즉 개인의 역사가 시대와 사회적인 것에 의해 제약되거나 글쓰기가 진행되는 동안 자신의 상상력을 극대화하는 문학적 허구가 개입될 때에 대한 숙고이기도 하다. 아라스(Arasse, 2006)는 『에세』라는 글쓰기는 그 행위를 통해서 그리고 그 행위 속에서 하나의 "허구적 존재(être fictionnel)"의 탄생을 알린다고 주장한다. 다시 말하면 몽테뉴의 가필과 수정작업은 하나의 고유명사 (« *Moi, Michel de Montaigne* »)를 쟁취하는 과정을 보여준다는 것이다(서종석, 2014 참조). 그러니까 우리가 알고 있는 '미셸 드 몽테뉴'는 사실상 텍스트가 만들어 낸 존재, 텍스트라는 집에 거주하는 존재이다. 끊임없는 가필과 수정 작업은 몽테뉴의 자화상이 근본적으로 오랜 시간을 두고 '만들어졌다'는 것을 의미한다. 이는 '지금', '여기'라는 발화행위의 지소적 상황에서 시간 저편으로 사라진 과거의 '나'를 현재라는 움직이는 시간 속에서 언어로 재구성하는 작업이다. 몽테뉴의 자전적 글쓰기에 나타난 허구적인 요소들의 문제에 대해서, 특히 우리가 살펴보려는 『에세』 1권의 「우정에 대하여」 장이 묘사하고 있는 내용과 방식에 대해서 일부 학자들은 "실재라기보다는 문학적"으로 해석해야 한다고 지적한다(Regosin, op.cit., 8). 이 '문학적 자화상'을 바라보며, 여기서 진실한 무엇인가를 가려내야 한다면 그것은 온전히 독자의 몫이다.

다시 거울과 그림의 논의로 돌아가 보자. 몽테뉴의 거울은 라 보에시이고, 그 거울에 비친 자신의 모습을 보는 사람은 몽테뉴이다. 그러나 라 보에시가 떠난 후 변해가는 자신의 모습을 비추어 볼 길이 없다. 몽테뉴는 시간과 더불어 사라진 과거의 모습을 기억에 의지하여 그려나가려 하지만 기억력의 문제를 토로하던 몽테뉴로서는 그저 '시도'를 할 뿐이다. 그의 『에세』는 과거의 자신과 현재의 자신이 끊임없는 대화를 지속하는 과정에서 만들어진 것이자, 그의 좌절과 의지의 산물이다. 죽는 순간까지 열려 있는 이 대화는 세상이 변하는 것처럼 늘 고정되어 있지 않고 과정 중에 있다. 몽테뉴에게 글쓰기 행위는 자신의 삶을 종위 위에 그대로 옮겨 놓는 행위라기보다는 오히려 그 자신을 해석하고 규정하는 행위라고 할 수 있다. 내가 책을 만들었는지 아니면 책이 나를 만들었는지 혼란스러울 정도로 『에세』는 그 작가와 한 몸이 되었다는 몽테뉴의 이야기는 이를 잘 말해준다.

> "남을 위해서 나를 그려 가다가, 나는 첫 빛깔보다도 더 뚜렷한 색채로 내 속을 색칠해 간 것이다. 내가 내 책을 만들었는지 내 책이 나를 만들었는지 모를 정도로, 이 책은 작가와 동체이며 작가 자신만이 취급되고, 내 삶의 부분으로 되어 있다."[17]

이제 우리에게 남은 것은 『에세』라는 책 한 권이다. 자연인 몽테뉴는 떠났지만 그의 "삶의 부분"은 여전히 책의 모습으로 살아남았다. 그러나 책이 계속해서 살아갈 수 있는 힘은 독자라는 존재에서 나온다. 『에세』라는 몽테뉴의 '잉크 거울'은 늘 그것을 보는 사람들이 존재해 왔다. 자화상, 그 거울에 비친 모습은 닮음의 재현이지만 그것은 바

---

17) « *Me peignant pour autruy, je me suis peint en moy de couleurs plus nettes que n'estoyent les miennes premieres. Je n'ay pas plus faict mon livre que mon livre m'a faict, livre consubstantiel à son autheur, d'une occupation propre, membre de ma vie.* » (II.18.665)

라보는 사람마다 다른 운명을 지니고 있다. 몽테뉴가 독자들을 향한 진정성에 대한 호소는 사실과 진실, 혹은 거짓으로 판단해야 할 역사적 사실과는 근본적으로 다르다. 그것의 참과 거짓은 그 거울을 바라보는 자, 『에세』를 읽는 독자의 판단과 믿음에 달려있다. 역사적 사실로 규정되는 개인의 삶은 확인할 길이 없다. 남은 자들에게 중요한 것은 텍스트로 남은 한 인간의 삶에 대한 성찰과 그것을 타자가 아닌 자기의 시선으로 수용할 수 있게 만든 '이야기'에 있다. "결국 책으로 살아남은 저자의 이야기는 동시대의 사람들뿐만 아니라 현재와 미래를 사는 사람들에게 '잉크 거울'이 되어 독자인 우리를 비추고 '나는 누구인가'를 묻고 있다고 하겠다."(2014, 서종석) 이러한 배경에서, 이제 그가 보여주는 자화상의 한 부분, 그의 우정의 이야기를 듣도록 하자.

III 완전한 우정

3

완전한 우정

“우리들은 각기 전체의 반쪽이었다.
그래서 나는 내가 그의 몫을 빼앗은 것 같은 생각이 든다.”
(『에세』 1권 28장: 193)
« *Nous estions à moitié de tout;*
il me semble que je luy desrobe sa part. » (I.28.193)

몽테뉴를 포함해서, 고전시대부터 우정을 논해 온 많은 철학자 혹은 사상가들이 친구의 죽음이후에 자신이 경험한 우정에 대해 이야기를 하며 우정의 모델을 제시한 것은 흥미로운 일이다(cf. Mark Vernon, 2007: 55~56). 찬양과 칭송의 대상이 되는 죽은 친구가 만일 살아서 오랜 기간 함께 했다면 어떻게 되었을까? 오랜 시간 일상을 함께 겪으며 마주하는 우정은 아마도 다른 모습일지도 모른다. 친구의 죽음은 오히려 이들에게 죽은 자와의 우정을 진지하게 숙고할 계제를 마련한 것으로 보인다. 두 사람 간의 우정이 어떠한 모습이었는가는 그 감정을 경험한 두 사람만이 알 수 있는 일이다. ‘반쪽’이 떠난 후 작성된 우정의 서사는 많이 것이 여과된, 확인할 길 없는 독백 같은 것인지도 모른다. 어쩌면 우정이란 완성되지 못한 감정의 형태로 남아서는, 지나간 시절을 회고하며 아름답게 가꾸고 다듬어서 보다 완성된 형태의 모습으로 마감해야 하는, 남은 자들의 숙제 같은 것인지도 모른다. 그리고 무엇보다 이것은 자신을 되돌아보는 일이기도 한다. 사실 이러한 생각은 몽테뉴의 「우정에 대하여」 장을 읽을 때마다 느끼는 개인적인 소회이기도 하다.

대부분의 우정의 모델 속에서 관찰되는 공통적인 요소는 친구란 또 다른 나 혹은 자기라는 발상일 것이다. 그러나 그 이유는 조금씩 다르다. 많은 연구자들이 이야기하는 것처럼 몽테뉴의 모델은 '낭만적' 성격이 강하다. 이런 점에서 이런 유형의 우정은 '사랑'이란 감정과 만나기도 하고, 나아가 동성애적인 감정으로 치부되기도 한다. 몽테뉴의 우정을 보면 매우 배타적이고 유일한 성격을 갖는다. 자기 충족적이고 폐쇄적이며 외부의 세계와는 소통이 불가한 것처럼 느껴진다. 말로는 설명할 수 없고 대체 불가능하며 다른 유형의 인간관계와 절대적으로 공통된 분모를 찾을 수 없다는 그의 단언은 어찌 보면 그와 라 보에시의 우정이 종교적 신비로까지 이른다고 할 수 있을지도 모른다. 두 사람의 우정은 거의 반복될 수 없는 유형으로 제시된다. 현대의 우정은 이미 우정의 많은 모델에서 주요한 속성으로 제시한 것들을 상실하고 있다. 우정을 사랑과 같은 감정의 범주로 놓기는 사실 어렵다. 사랑이 지니고 있는 고유한 속성들을 우정이 갖고 있지 못하기 때문이다. 그러나 몽테뉴의 우정의 개념을 '감정'의 하나로 간주할 수 있는 힘은 바로 자신의 우정을 묘사하는 수사적인 힘에서 나온다.

3.1. '가장 좋은 자리', 그리고 '빈자리'

「우정에 대하여」 장의 서두는 독자들에게 많은 점을 시사해 준다는 점에서 중요하다. 아마도 『에세』 속에 자리 잡은 라 보에시의 존재감을 가장 잘 드러내는 부분이라고 할 수 있다(Schaefer, 2003: 63).

우선 『에세』의 집필 동기를 엿볼 수 있고, 무엇보다 라 보에시에 대한 몽테뉴의 감정에 대해 많은 것을 알려준다. 이 장의 시작부터 우리는 몽테뉴의 '회화적 욕망'과 다시 만나게 된다. 그림을 그리는 화가가 등장하고 그것을 바라보는 몽테뉴는 자신도 그 화가처럼 그림을 그리고 싶은 충동을 드러낸다. 여기에는 『에세』의 서문에서 만난 동사 '*peindre*'가 다시금 반복되면서 글은 '회화적으로' 연속적인 의미를 갖는다. 몽테뉴에게 자신을 그린다는 것은 또 하나의 자아인 사라진 친구를 빼놓고는 생각할 수 없는 것이다. 즉 "내가 그리는 것은 곧 나다."라는 언명은 라 보에시라는 존재를 품고 있다. 따라서 의심할 여지없이 이 28장의 서두는 『에세』 1권의 성격을 규정해준다. 공간적으로도 그렇다. 1권 28장이 『에세』에서 갖는 의미는 중앙이라는 것이다. 많은 몽테뉴 연구자들이 동의하고 있듯이, 「우정에 대하여」라는 제목의 한 '*essai*'를 총 57장으로 구성된 1권 중심에 놓는 일은 그러므로 상징적인 의미를 갖는다. 달리 표현하자면, 이는 『에세』 1권의 중심에 라 보에시의 자리를 마련하는 일이자, 『에세』 1권을 그에게 헌정하는 행위인 것이다. 이 장이 라 보에시와 『자발적 복종론』에 대한 이야기로 시작되고 마친다는 사실도 이러한 해석을 뒷받침한다.

우리는 이 장을 읽으면서 두 사람이 하나로 이어져 있듯이 자연스럽게 두 저작물도 하나로 이어져 있다는 기대를 갖게 한다. 그런데 여기서 무엇보다 우리의 흥미를 끄는 점은 몽테뉴가 자신을 라 보에시와 비교하고 관계 짓는 방식이다. '그림 은유'와 공간적 배치를 매개로 두 사람을 바라보는 발상의 기저에는 일종의 위계적 질서가 있음이 느껴진다. 그리고 이는 『에세』와 『자발적 복종론』이라는 이들의 분신들의 경우도 마찬가지이다.

"고용한 화가가 작업하는 모습을 보다가 나도 그를 따라해 보고 싶은 생각이 들

> 었다. 화가는 각 벽면 한 가운데 가장 좋은 자리를 택해서는 온 정성을 다해 그림 하나를 그려 넣는다. 그런 다음 그 주위의 빈자리에는 그로테스크한 풍의 그림, 그러니까 잡다하고 기이한 멋 외에는 그다지 끌리지 않는 이상한 그림들로 채워 넣는다. 그런데 사실 이것은 질서나 일관성이나 조화도 없이 아무렇게나 잡다한 조각들을 기움질한 괴기스럽고 흉측한 덩어리가 아니면 무엇이란 말인가?"[1)]

위 언술에서 보듯이 두 사람의 존재감은 무엇보다 두 대립적인 공간 용어들로 묘사된다. "가운데 *milieu*"와 "주위 *au tour*", 그리고 "가장 좋은 자리 *le plus bel endroit*"와 "빈자리 *le vuide*"가 그것이다. 물론 '중심'과 '주변'으로 요약할 수 있을 두 사람의 초상은 몽테뉴가 우리에게 제시한 방식이다. 벽면을 화폭으로 삼아 그림을 그려가고 있는 화가에게는 중심에 그려 놓을 것과 그 중심을 치장할 주변에 대한 생각이 있을 것이다. 몽테뉴의 생각은 당연히 벽의 중심에는, 그러니까 가장 멋진 곳에는 라 보에시의 『자발적 복종론』을 놓겠다는 것이다. 자신의 자리는 이 이분(二分)의 구조 속에서 이 훌륭한 작품을 더욱 빛나게 하기 위한 테두리에 불과하며, 그저 "그로테스크한 (*crotesques)*" 것에 지나지 않는다. 중심을 벗어난 벽면의 빈 곳을 채운 그림들이란 물론 순서도 조화도 없이 여러 가지를 한데 짜깁기한 그의 『에세』를 말한다. 몽테뉴는 "상체는 미녀인데 하체는 물고기의 모습으로 끝난다. *Desinit in piscem mulier formosa superne.*"는 호

---

1) « *Considérant la conduite de la besongne d'un peintre que j'ay, il m'a pris envie de l'ensuivre. Il choisit le plus bel endroit et milieu de chaque paroy, pour y loger un tableau élabouré de toute sa suffisance; et, le vuide tout au tour, il le remplit de crotesques, qui sont peintures fantasques, n'ayant grace qu'en la varieté et estrangeté. Que sont-ce icy aussi, à la verité, que crotesques et corps monstrueux, rappiecez de divers membres, sans certaine figure, n'ayants ordre, suite ny proportion que fortuite?* » (I.28.183)

라티우스(Horace)의 글을 인용하면서 자신의 의도를 더욱 강하게 표현한다. 그리고는 자신의 능력으로는 물고기의 꼬리를 그릴 수 있는 화가가 될 수 있지만, 가장 중요한 부분인 아름다운 여인의 몸은 엄두가 나지 않는다는 고백을 연이어 이어 나간다.

> "내 재능으로는 예술적인 기법이 사용된 다채롭고 세련된 그림을 그린다는 것은 감히 생각할 수도 없는 일이기 때문이다."[2)]

몽테뉴의 겸손일 수도 아니면 고인에 대한 예우일 수도 있겠지만, 우리의 시각에서는 자신의 지적 비중을 낮추고 『에세』를 『자발적 복종론』과 비교가 안 될 정도로 아래에 놓은 건 틀림없이 그의 의지에 의한 것으로 보인다. 이러한 주장이 근거가 아주 없는 것은 아니다. 몽테뉴가 라 보에시라는 존재를 얼마나 이상화하고 있는지를 보면 쉽게 알 수가 있기 때문이다. 몽테뉴는 『자발적 복종론』이라는 소논문이 라 보에시가 젊은 시절 작성한 것으로 폭군에 대한 저항과 자유에 대한 찬사를 담고 있는 글이라고 소개한다. 그리고는 이미 오래 전부터 지식인들 사이에서 읽혀오며 많은 찬사를 받아 온 최고의 작품이라고 『자발적 복종론』을 치켜세운다. 그러나 그는 이어 라 보에시의 출중한 지적 능력에 비추어 볼 때 어린 시절에 쓴 『자발적 복종론』이 그의 최고의 작품이 될 수 없다는 얘기도 덧붙인다.

> "내가 그를 알게 되었던 원숙한 시기에 나처럼 자기의 사상을 글로 쓰고자했더라면 우리 시대의 영야를 고대의 명예만큼이나 높여 줄 귀한 작품들을 많이 읽을 수 있었을 것이다. 특히 자연으로부터 부여받은 그의 재능에 비견할 수 있는 사람

---

2) « *car ma suffisance ne va pas si avant que d'oser entreprendre un tableau riche, poly et formé selon l'art.* » (I.28.183)

은 아무도 없다."[3]

마침내 라 보에시의 지적 능력과 인물됨이 몽테뉴를 거치면서 고대의 최고 선인들과 같은 반열에 오르는 모습을 보는 것은 매우 흥미로운 일이다. 몽테뉴가 라 보에시를 이렇게 규정하는 일은 곧 지적인 이상형을 라 보에시에게 투영시켜 보는 것인지도 모른다. 자기 폄하의 글쓰기가 빈번하기 관찰된다는 지적(Regosin, 1977: 20)이나 아래에서 다시 언급하겠지만, 두 사람 사이의 '지적인 균형' 문제를 지적한 메를로 퐁티의 해석도 이러한 태도와 무관하지 않다. 우리의 생각엔, 『에세』의 저자가 솔직히 고백하는 이 '불균형'은 수정과 가필을 통해 '균형' 잡힌 모습으로 점차 변화되어 가서는, 아라스의 말처럼 마침내 새롭게 만들어진 '몽테뉴'가 탄생하는 것으로 보인다(이 문제는 아래에서 몽테뉴의 주요한 사고의 흐름을 짚어 낼 수 있는 가필과 수정 작업을 논하면서 다시 언급하기로 한다). 우리는 아마도, '만들어진' 라 보에시를 이상적인 자아로 설정해 놓고 여기에 이르려는 몽테뉴라는 인물의 삶의 과정을 목도하고 있는지도 모른다.

다시 몽테뉴의 화폭으로 돌아가 보자. 본래 몽테뉴는 부족한 자신의 작품을 꾸미고자 라 보에시의 "다채롭고 세련된" 작품을 "빌려(*emprunter*)" 올 생각을 했다고 말한다. 그것은 몽테뉴가 벽면의 중심에 라 보에시 작품의 자리를 마련하고자 한 의도를 말한다. 그러나 『에세』의 어느 곳에서도 그 흔적을 찾을 수는 없다. 라 보에시의 텍스

---

3) « *et si, en l'aage que je l'ay conneu, plus avancé, il eut pris un tel desseing que le mien, de mettre par escrit ses fantasies, nous verrions plusieurs choses rares et qui nous approcheroient bien pres de l'honneur de l'antiquité: car, notamment en cette partie des dons de nature, je n'en connois point qui luy soit comparable.* » (I.28.184)

트가 『에세』에 실리지 못한 이유는 몽테뉴 스스로 명확히 언급하고 있듯이 아마도 책의 내용이 시대적인 상황과 맞지 않았던 것이 가장 크다. 우리가 다음 장에서 살펴보겠지만, 라 보에시의 『자발적 복종론』은 적은 분량의 논문이지만 정치적으로 민감한 내용들을 담고 있다. 따라서 16세기 후반 종교전쟁으로 혼란했던 시기에 언제든 누군가에 의해서 불순하게 이용될 개연성을 본래부터 지니고 있었다. 몽테뉴는 라 보에시의 텍스트가 이용당하는 것에 민감한 반응을 보이며 경계심을 드러낸다. 라 보에시의 변호인으로서 그는 친구의 텍스트가 정치제도를 개선하는 순기능이 있는데도 이는 염두에 두지 않는 이들을 비난한다. 그는 결국 "오직 나라의 정치 형태를 뒤엎고 변화시키려는 사람들에 의해서 나쁜 목적을 위해 간행되었음을 알았으므로"[4) 『에세』의 한 부분을 장식하려고 한 자신의 생각을 포기하기로 결심했다고 독자에게 말한다. 몽테뉴는 이 28장의 앞부분에서는 라 보에시에 대한 찬사를, 그리고 이 장의 뒷부분에서는 그에 대한 구구절절한 변호를 하는 것으로 마무리 한다.

> "그가 선택할 수만 있었다면 살라크(Sarlac)보다는 베니스(Venice)에서 태어나기를 원했을 것이라는 것도 알고 있다. 하지만 그는 영혼에 깊이 새겨진 또 하나의 신조를 가지고 있었다. 그것은 자기가 태어난 나라의 법률에 아주 경건하게 복종한다는 것이었다. 이제까지 그만큼 선량한 시민은 없었으며, 그만큼 자기 나라의 평화를 사랑하고 현 시대의 혼란과 혁신에 대해 적의를 품었던 사람도 없었다. 그는 혼란과 혁신을 선동하는 데에 재능을 제공하기보다는 오히려 종식시키는 데에 제공하고자 했을 것이다. 그의 정신은 현 시대와는 다른 시대의 모범에 맞게

4) « *Parce que j'ay trouvé que cet ouvrage a esté depuis mis en lumiere, et à mauvaise fin, par ceux qui cherchent à troubler et changer l'estat de nostre police,* [...]. » (I.28.194)

형성되어 있었던 것이다."[5]

몽테뉴는 라 보에시가 매우 진실하며 양심적인 사람이며, 그의 『자발적 복종론』은 단지 "소년시절의 습작 *en son enfance, par maniere d'exercitation seulement*"(I.28.194)일뿐이며 주제 또한 이미 다른 곳에서 수없이 다루어 졌던 것이라고 한다. 폄하라고 할 수 있을 정도의 『자발적 복종론』에 대한 이러한 평가는 최고의 작품이라고 찬사를 아끼지 않은 앞부분의 언급과는 근본적으로 상치되고 있다.

여하튼 몽테뉴는 28장 마지막에 "그러면 이 진지한 작품 대신 다른 작품을 싣겠다."[6]는 말을 남기고 『자발적 복종론』을 포기하는 대신에 라 보에시의 29편의 소네트를 실었다가, 1588년 이후 판본들에서는 이마저도 삭제했다. 따라서 1권 29장인 「에티엔느 드 라 보에시의 29편 소네트 *Vingt et neuf sonnets d'Estienne de La Boetie*」에는 "이 시는 다른 곳에 실려 있다. *Ces vers se voient ailleurs*"(I.29.196)라는 맺음말만이 존재한다. 벽면의 제일 가운데 훌륭한 곳은 사실상 '빈자리'로 남았고, 벽면의 본래 빈자리는 "그로테스크한" 『에세』만이 차지한 채, '빈자리'를 지키고 있다. 우리에겐, 만일 그가 "아직도 대자연의 태초의 법칙 아래 감미로운 자유를 누리며 살고 있다고 하는 저 민족

---

5) *« Et sçay davantage que, s'il eut eu à choisir, il eut mieux aimé estre nay à Venise qu'à Sarlac: et avec raison. Mais il avoit un'autre maxime souverainement empreinte en son ame, d'obeyr et de se soubmettre tres-religieusement aux loix sous lesquelles il estoit nay. Il ne fut jamais un meilleur citoyen, ny plus affectionné au repos de son païs, ny plus ennemy des remuements et nouvelletez de son temps. Il eut bien plustost employé sa suffisance à les esteindre, que à leur fournir dequoy les émouvoir d'avantage. Il avoit son esprit moulé au patron d'autres siecles que ceux-cy. »* (I.28.194)

6) *« Or, en eschange de cet ouvrage serieux, j'en substitueray un autre, [...]. »* (I.28.195)

들 속에서 태어났다면" 본래 그가 마음먹었던 대로 가능했을까하는 궁금증만이 남아 있다.

몽테뉴가 『자발적 복종론』에 부여한 의미는 생각하는 것보다 더욱 크다. 그것은 그들의 우정과 깊은 관계가 있기 때문이다. "나는 우리의 첫 만남의 중개 역할을 했던 그 논문에 특히 고마움을 느끼고 있다."[7] 라 보에시와의 만남이전에 몽테뉴는 이 책을 통해서 이미 그의 이름을 알고 있었다는 말을 한다.

> "사실 그 논문은 그를 만나기 훨씬 전에 내 앞에 나타났으며 그의 이름을 처음으로 알게 해 주었다. 그 논문은 신(神)이 허락하실 때까지 간직한 우정의 길, 책에서도 좀처럼 읽을 수 없으며 더욱이 현 시대 사람들 사이에서는 흔치 않은 완전무결한 우정의 길을 열어 주었다."[8]

그러니까 몽테뉴에게 『자발적 복종론』이란 라 보에시와의 우정의 시발점이었다면 라 보에시의 죽음에 대한 애도로 시작된 『에세』는 그 완결로서 종착점을 나타낸다고 할 수 있다.

---

7) *« Et si suis obligé particulierement à cette piece, d'autant qu'elle a servy de moyen à nostre premiere accointance. »* (I.28.184)

8) *« Car elle me fut montrée longue piece avant que je l'eusse veu, et me donna la premiere connoissance de son nom, acheminant ainsi cette amitié que nous avons nourrie, tant que Dieu a voulu, entre nous, si entiere et si parfaite que certainement il ne s'en lit guiere de pareilles, et, entre nos hommes, il ne s'en voit aucune trace en usage. »* (I.28.184)

3.2. 우정과 우정들

일반적으로 우리가 우정을 논할 때 아리스토텔레스의 우정관을 언급하지 않고 지나칠 수는 없다. 그만큼 우정의 문제를 다루는 많은 연구들에 있어 아리스토텔레스의 우정 개념은 주요한 이론적 준거이다. 몽테뉴의 우정에서도 우리는 아리스토텔레스의 깊은 영향을 관찰할 수 있다. 몽테뉴는 라 보에시와의 우정을 논하며 아리스토텔레스의 완전한 우정 개념을 인용하고 이를 통해 자신의 우정을 정의한다. 아리스토텔레스의 "두 몸 속 한 영혼 *un ame en deux corps*" (I.28.190) 라는 우정의 정의에 대해 몽테뉴는 "매우 적절한 정의 *la tres-propre definition*"(I.28.190)라고 평가한다. 이 개념적 정의는 몽테뉴와 라 보에시와의 이상적이고 완전한 우정의 논거와 토대를 이루며 확장되고 있다. 지적으로 고전의 영향을 입은 그에게는 아마도 당연하고 자연스러운 일일 것이다. 아리스토텔레스에게 있어 '완전한 우정'은 이 보다 못한 다른 우정들의 원형처럼 기능하는 것으로 보인다. 사람들이 만들어 내는 우정의 모습은 여러 모습을 띨 수 있지만, 이 우정들이 모두 완전한 우정은 아니다. 그러나 이 우정들은 모두 정도의 차이는 있지만 '우정'이라고 불린다. 질적으로 차별화되어 우정이라는 범주의 주변에 머무르더라도 이 유형들은 우정의 범주에 속하는 것들이다.

몽테뉴에게 진정한 우정 혹은 완전한 우정은 매우 드문 것이다. 그것은 자신이 라 보에시와 더불어 직접 체험한 이상적인 우정의 경험이다. 이 우정은 사람들이 말하는 '우정들'이라고 부르는 것과는 근본적으로 차별화된다. 이점에서 몽테뉴의 우정 개념이 보여주는 범위는 아리스토텔레스와 만난다. "보통 우리가 친구들, 우정들이라고 부르는 것 *Au demeurant, ce que nous appellons ordinairement amis et amitiez*"과 "내가 말하는 우정 *l'amitié dequoy je parle*"(I.28.186) 간의 개념적 구분은 무엇보다 단수와 복수라는 언어적 형태의 차이로 나타난다. 텍스트 속에서 이 형태적 차이가 만들어낸 시각적 효과는 독자에게 자연스럽게 자신의 우정과 보통의 우정들을 구분해주는 효과도 있다. 사람들이 말하는 보통의 우정들은 여러 가지 불순한 요소들로 채워진, 완전하지 못한 우정들이어서, "모자라는 우정들 *moins amitiez*"에 불과한 것이다.

> "일반적인 쾌락이나 이익, 공적(公的), 사적(私的) 필요성에 의해 이루어지고 다져진 우정들은 그 속에 우정 자체와는 다른 원인·목적·성과를 내포하고 있어, 그 만큼 그 관계는 아름답지도 고상하지도 않은, 그러니까 그 만큼 모자라는 우정들이기 때문이다."[9]

그러므로 '우정'을 '우정들'로 만드는 것은 우정 밖에 존재하는 요소들을 '우정'에 섞어 넣기 때문이다. 우정은 그 자체로 순수해야만 하는 이상한 단지 같은 것이다. 거기에 다른 무엇인가를 넣으면 넣을수록 우정의 단지는 더 차오르는 것이 아니라 더 모자라게 된다. '완전한 우정'이 '완전한 우정들'로 되지 못하는 것은 이러한 이유에서이다. 「우정에 대하여 *De l'amitié*」라는 제목에서 '*les amitiés*'가 아니라 '*l'amitié*'로 작성된 것도 이러한 의미로 이해해야할 것으로 보인다.

"이 보통의 다른 우정들 *ces autres amitiez communes*"(I.28.190), "평범하고 진부한 우정들 *des amitiez ordinaires et coustumières*"(I.28.190), "이 보통의 우정들 *Les amitiez communes*"(I.28.191) 등,

---

9) « *Car, en general, toutes celles que la volupté ou le profit, le besoin publique ou privé forge et nourrit, en sont d'autant moins belles et genereuses, et d'autant moins amitiez, qu'elles meslent autre cause et but et fruit en l'amitié, qu'elle mesme.* »(I.28.184)

몽테뉴는 '단수'의 대립항으로서 '우정들'을 곳곳에서 반복하면서 완전한 우정의 우월성을 더욱 강화해준다. 그리고 그러한 반복을 통해서 완전한 우정의 영역을 벗어난 범용한 우정들과 거리를 둔다. 완전한 우정은 자기충족적인 '단일성'을, 보통의 우정들은 그 자체로 불완전하고 언제든지 와해될 수 있는 '복수성'을 표상한다. 왜냐하면 일반 사람들이 나누는 우정들은 "어떤 기회나 편의상 맺어진 관계이거나 친교에 불과한 것 *ce ne sont qu'accoinctances et familiaritez nouées par quelque occasion ou commodité*" (I.28.188)이기 때문이다. 여기서 사용된 한정표현인 '*ne~que*'는 이 범용한 우정들의 한계를 더욱 드러내준다. 이에 반해 몽테뉴와 라 보에시의 우정은 "나약하고 진부한 *molles et regulieres*" (I.28.189) 우정들과는 명백히 구분되는, "최고의 지고한 *souveraine et maistresse*" 우정이자 "고결하고 *noble*" (I.28.190) "유일하며 최상에 위치한 우정 *L'unique et principale amitié*" (I.28.191)인 것이다.

그런데 우정을 28장을 좀 더 읽다보면, 몽테뉴에게 있어 우정은 완전한 우정과 그렇지 않은 우정들 간의 구분이라기보다는 우정인 것과 우정이 아닌 것들 간의 구분으로 느껴진다. 이 미묘한 뉘앙스를 만드는 인자는 이 모델만이 지닌 독특한 특성에서 나오는 것이다. 몽테뉴는 사실 자신의 경험을 아리스토텔레스적 개념틀로 바라보는 것에서 더 나아가, 자신만의 경험을 극대화하면서 하나의 모델을 내세우고 있다. 이점에서 몽테뉴의 우정 모델은 중의적이다. 마치 이 세상에는 '우정인 것'과 '우정이 아닌 것'이 대립하는 것처럼 보이게 하는 것이다. 몽테뉴의 우정의 세계로 좀 더 들어가 보자.

3.3. 다양한 인간의 관계들과 우정

우정은 관계다. 인간들 사이에 맺어질 수 있는 다양한 관계의 모습들 중의 한 유형이다. 몽테뉴에 따르면, 인간이 서로를 찾고 관계를 맺는 일은 본성적인 것이며, 가장 강력한 성향이다.

> "자연이 우리에게 부여한 성향 중 교제에 대한 성향만큼 강한 것은 없다. 아리스토텔레스는 '훌륭한 입법자는 정의보다 우정에 더 많은 주의를 기울여 법을 만든다.'라고 말하고 있다. 교제의 최종적인 완성은 이러한 우정이다."[10]

몽테뉴는 고대부터 전래되어 온 네 종류의 교제, 즉 자연적인 교제, 사회적인 교제, 주객 사이의 교제, 그리고 이성 간의 교제 중 어느 것도 진정한 우정과 비견할 수도 없고, 모두 합해서 겨룬다고 하더라도 참된 우정을 따라잡을 수가 없다는 것이다.

1) 우정과 혈연관계

따라서 몽테뉴가 자신이 경험한 우정을 규정하는 방식은 이 다양한 관계들과 차별되는 우정의 변별적인 자질들을 보여주는 것이다. 가족의 울타리 안에서 만들어지는 부모와 자식 그리고 형제간의 관계는 우정과는 거리가 멀다. "자식들이 아버지에게 보여주는 것은 오히려 존경이다. *Des enfans aux peres, c'est plustost respect.*"(I. 28. 184) 많은 경우 '존경'이라는 의미에는 주체와 대상 간에는 불균형이 존재

---

10) *« Il n'est rien à quoy il semble que nature nous aye plus acheminé qu'à la societé. Et dit Aristote que les bons legislateurs ont eu plus de soing de l'amitié que de la justice. Or le dernier point de sa perfection est cetuy-cy.»* (I.28.184)

하며 일방적인 관계의 성격을 띤다. 부모와 자식 간에 형성되는 애정 관계는 그 자체로 우정이 가져야만 하는 자질들을 갖지 못한다. "우정이란 상호 간의 소통으로 유지되는 것인데, 아버지와 자식들 사이에는 너무 큰 불균형이 있어 소통이 불가능하다. 게다가, 설사 우정관계가 가능하더라도 그것은 자연의 의무와도 맞지 않는 것일 것이다."[11] 몽테뉴는 마음 속 깊이 간직한 아버지의 내밀한 이야기들이 모두 자식에게 전달될 수는 없을 것이라고 생각한다. 왜냐하면 이 관계에서는 서로 간에 격의가 없어야 하고 훈계나 싫은 소리를 할 수 있어야 한다는 우정의 첫째 조건이 형성될 수 없기 때문이다. 아버지와 자식 간의 관계는 일반적으로 비대칭적이며 쌍방적이지 못하다면 그것은 자식이 아버지에 대해 이러한 행위들을 행사할 수는 없는 노릇이기 때문이다. 고대로부터 부모와 자식 간의 관계가 우정만큼 그리 완벽한 관계는 아니었던지, 몽테뉴의 논증은 부모와 자식 간에 있을 수 있는 비극적인 이야기로까지 확대된다.

가족의 또 다른 혈연관계인 형제들도 여기에서 크게 벗어나지 않는다. 형제간에 완전한 우정이 성립할 수 없다면 그것은 우정과는 다르게, 서로를 형제로 선택할 수 있는 자유가 당사자들에겐 없기 때문이다. "자연 법칙과 의무로 부과된 관계일수록 우리의 선택과 자유 의지의 폭이 그만큼 좁아진다."[12]는 것이다. 그런데 몽테뉴는 이 지점에서, 세상을 떠난 라 보에시를 두고 "사실, 그와 나는 '**형제**'라는 이름으로 인연을 맺었다."(I.28.185, 강조는 필자의 것임)고 회고한다. 여기서

---

11) *« L'amitié se nourrit de communication qui ne peut se trouver entre eux, pour la trop grande disparité, et offenceroit à l'adventure les devoirs de nature. »* (I.28.184)

12) *« à mesure que ce sont amitiez que la loy et l'obligation naturelle nous commande, il y a d'autant moins de nostre chois et liberté volontaire. »* (I.28.185)

"형제(*frere*)"라는 단어가 갖는 의미와 무게는 참으로 상당하다. 이것은 뒤에서 살펴보겠지만, 몽테뉴의 『에세』와 라 보에시의 『자발적 복종론』을 연결 지을 수 있는 유의미하고 중요한 단서들 중의 하나이기 때문이다. 몽테뉴는 여기서, 혈연관계에서 나오는 '형제애'와 우정의 관계에서 배태될 수 있는 '형제애'를 구분하고 있는 듯이 보인다. 혈연관계가 만든 형제의 개념은 자연적인 것이자 의무적인 것, 나의 의지와는 전혀 상관없는 것이며, 선택의 여지가 주어지지 않는 것으로 제시된다. 반면 우정이 만드는 형제애 속에는 서로의 의지로 키워낸 조화와 관계가 존재한다. 혈연으로 묶인 형제들은 자연적으로 함께 하나가 될 수도 있지만, 예를 들어 재산의 공유와 분배 등과 같은 이권 앞에서는 피를 나눈 형제간이라 하더라도, 이들을 하나로 묶은 결합의 끈은 느슨해지고 취약해지게 된다. 형제라는 관계가 때로 남보다도 못하다고 할 경우, 대부분은 이익을 두고 충돌하는 경우이다. 몽테뉴는 한 쪽으로 부가 기울어질 때, 다른 한 쪽은 자연스레 가난해질 수밖에 없다면서 형제 사이에 내포된 필연적인 불균형을 읽어 낸다. 게다가 부자지간의 성격이 다를 수 있는 것처럼, 형제들도 인간 됨됨이가 서로 너무도 다를 수 있다. 물론 몽테뉴가 '완전한 우정'을 강조하고 설명하기 위해 혈연관계인 부자의 정이나 형제애를 폄하하거나 부차적인 사안으로 치부하고 있는 것은 아니다. 몽테뉴 자신이 이야기하고 있는 것처럼, 아버지에 대한 자신의 존경심과 더불어 자신과 아버지의 관계가 매우 돈독했음을 함께 드러내고 있다. 또한 자신의 형제들 사이의 애정도 마찬가지이다. 그것은 단지 우정과는 다른 성격의 관계일 뿐이다.

2) 우정과 사랑, 그리고 결혼

우정은 남녀 간의 사랑이 만들어 내는 관계와도 다르다. 물론 우정과 남녀 간의 애정(affection)은 자유 의지와 관련하여 중첩되는 부분이 있다.

> "의지적 자유가 생성해 내는 것 중 남녀 사이의 애정과 우정만큼 이 자유에 어울리는 것은 없다."[13)]

우정과 애정은, 몽테뉴에 따르면, 우리의 선택으로 만들어진 것이며, 두 감정 모두 내가 아닌 '타자'의 존재, 타자와의 관계를 필요로 하는 것이다.[14)] 우정뿐만 아니라 사랑이란 것 역시 몽테뉴의 개인적인 경험에서 우러나오는 확신할 수 있는 감정들 중의 하나이다. 『에세』 일부 장에서 몽테뉴는 여성에 대한 열정과 경험을 독자에게 고백하고 있는데, 독자라면 누구나 어느 정도 수준에 이른 그의 '여성 편력'을 짐작해볼 수 있을 것이다.[15)] 그러나 몽테뉴에게 있어, 여성에 대해 느낄 수 있는 애정과 우정을 구분해야하는 이유는 이 두 감정을 규정하는 속성들이 근본적으로 서로 다르기 때문이다. 우정은 사랑이 아니다. 여성을 향한 애정에 대해 몽테뉴는 "고백하건데, 그 불타는 정열은 보다 적극적이고 뜨겁고 격렬하다. *Son feu, je le confesse, est plus actif, plus cuisant et plus aspre.*"(I.28.185-186)고 단언한다. 몽

---

13) *« Et nostre liberté volontaire n'a point de production qui soit plus proprement sienne que celle de l'affection et amitié. »* (I.28.185)

14) 몽테뉴는 『에세』 3권 3장 「세 가지 교제에 대하여 *De trois commerces*」에서, 우정은 얻기 힘든 것이 흠이고, 사랑, 즉 여자와의 교제는 나이와 더불어 시들어 버린다고 이야기 한다. 따라서 이 두 종류의 교제는 그에 의하면, 사람이 살면서 지속적으로, 혹은 충분히 얻을 수가 없는 것들이다(p.827).

15) 예를 들어 『에세』 1권 21장 「상상력에 대하여 *De la force de l'imagination*」, 3권 3장 「세 가지 교제에 대하여」와 5장 「베르길리우스의 시구에 붙여 *Sur des vers de Virgile*」 등을 참조할 것.

테뉴에게 우정은 사랑처럼 하나의 애정, 즉 친구를 향한 애정이다. 따라서 뜨겁고 격렬한 불덩이로 사랑을 묘사한 이 은유로 완전한 우정을 묘사해도 손색이 없을 것이다. 그러나 이 열기의 정도는 두 감정에 있어 많이 다르다. 몽테뉴에 따르면 사랑이란 감정은 무모하기 그지없으며 변덕스럽고 끊임없이 동요하는 불꽃같다. 또한 쉽게 타오르다가도 이내 사그라지는 열병과도 같은 불꽃이다. 결국은 떠날 것에 대한 광란적인 욕망이 이성 간의 사랑의 중심에 놓여 당사자들의 감정을 휘어잡고 있는 것이다. 그러나 우정은 이와는 완전히 다른 열기로 관계를 이어주는 지속적인 애정이다.

> "우정은 일반적이고도 보편적인 따뜻함이며, 절제되고 한결같은 따뜻함이며, 변함없고 안정되어 매우 부드럽고 온화하면서도 조금도 고통을 주지 않는 따뜻함이다."[16)]

여기서 사용된 열(熱)은유는 명백히 두 감정 간의 근본적인 차이를 보여주기 위한 것이다. 그것은 유사할 수 있는 두 애정의 성격과 정도를 차별화하고 찰나적인 욕망의 유무를 효과적으로 규정해 낸다. 따스함과 뜨거움, 안정됨과 지나침, 지속적인 것과 일시적인 것, 등 우정과 사랑의 본질은 서로 대립되고 구분되는 모습으로 특징지어 진다. "이성 간의 열정은 우정의 영역, 즉 의미의 일치 상태에 도달하게 되면 곧 약해지고 식어 버린다."[17)] 결국 두 감정의 차이는 "정신적인 *spirituelle*" 것과 "육체적인 *corporelle*" 것의 대립이다. 사랑은 욕망

---

16) *« En l'amitié, c'est une chaleur generale et universelle, temperée au demeurant et égale, une chaleur constante et rassize, toute douceur et pollissure, qui n'a rien d'aspre et de poignant. »* (I.28.186)

17) *« Aussi tost qu'il entre aux termes de l'amitié, c'est à dire en la convenance des volontez, il s'esvanouist et s'alanguist. »* (I.28.186)

이 충족되면 그 뜨거웠던 열정은 연기처럼 사라지는 것이다.

"이와는 반대로 우정은 갈망하면 갈망할수록 그만큼 더 즐거운 것이 되며, 원하는 한 언제까지나 누릴 수 있다. 다시 말해 우정은 정신적인 것이며 영혼은 정신을 사용함으로써 정화되므로 우정은 오직 그것을 누림으로써 성장하고 풍부해지기 때문이다."[18)]

그렇다면 정신적인 성격의 우정은 부부의 연을 맺은 두 남녀 사이에서는 불가능한 것인가? 결혼을 통해 형성되는 부부라는 관계에는, 육체적인 면과 정신적인 면이 함께 존재한다. 이 두 면은 상보적인 것이어서 부부의 사랑과 가정의 지속을 위해 꼭 필요한 인자들이다. 따라서 부부 사이에 존재할 수도 있는 사랑 이외의 감정에서 '우정'의 흔적은 발견되지 않는 것인지 궁금할 뿐이다. 그런데 몽테뉴는 결혼은 우정의 한 유형이 될 수 없다고 주장한다. 그에 따르면, 부부의 애정과 친구에 대한 애정, 즉 우정을 구분하는 요소는 여럿이다. 결혼에는 우정을 구성하는 가장 주요한 인자들이 빠져있다.

"결혼에 대해 말하자면, 그것은 들어가는 것만이 자유로우며(애정의 지속이란 구속받고 강요받으면서 의지가 아닌 다른 것들에 의존하기 때문이다.) 일반적으로 다른 여러 가지 목적들을 위해 이루어지는 거래이다. 그러므로 거기에는 그들의 관계를 파괴하고 활기찬 애정의 흐름을 혼란시키기에 충분한, 해결되지 않으면 안 될 수많은 이질적이고 복잡한 일들이 일어나기 마련이다. 이에 반해 우정의 경

18) *« L'amitié, au rebours, est jouye à mesure qu'elle est désirée, ne s'esleve, se nourrit, ny ne prend accroissance qu'en la jouyssance comme estant spirituelle, et l'ame s'affinant par l'usage. »* (I.28.186)

우에는 우정 그 자체 이외에는 어떠한 거래도 흥정도 없다."[19]

위의 인용문이 우리에게 말해주고 있는 것처럼, 결혼은 우정에 견주어 선택의 자유와 의지의 행사 면에서 제약이 따른다. 게다가 관계 자체가 목적이 되는 우정과는 달리, 관계의 불순함을 함의하는 여러 가지 목적이 시작부터 자리 잡고 있다. 아마도 인간에게 결혼이란 출산을 통한 세대의 지속뿐만 아니라, 결혼이라는 제도를 통해 세습, 재산의 증식 혹은 사회적 신분의 상승 등 다양한 것들이 가능하다고 할 때, 결혼은 어느 사회에서나 이러한 면들을 고려해야만 하는 신중한 사안이다. 이러한 의미에서 '거래'나 '흥정'이라는 용어를 사용하며 결혼의 성격을 규정하고 있는 몽테뉴의 의도를 이해할 수 있을 것이다.

이상의 논의에서 우리의 주목을 끄는 점은, 이성 간의 사랑과 부부 간의 사랑에 대한 몽테뉴의 진술 속에서 여성이라는 존재에 대한 부정적인 시각이 읽힌다는 것이다. "사실 여자들의 능력으로는 이 신성한 우정의 결합을 성장시키는 대화와 소통교제를 감당해내기에 적합하지 않다. 여자들의 영혼은 그처럼 견고하고 지속적인 우정의 결합의 중압을 견디어 낼 만큼 굳세지 못하다."[20] 그러니까 몽테뉴의 이 말

---

19) « *Quant aux mariages, outre ce que c'est un marché qui n'a que l'entrée libre (sa durée estant contrainte et forcée, dependant d'ailleurs que de nostre vouloir), et marché qui ordinairement se fait à autres fins, il y survient mille fusées estrangeres à desmeler parmy, suffisantes à rompre le fil et troubler le cours d'une vive affection; là où, en l'amitié, il n'y a affaire ny commerce, que d'elle mesme.* » (I.28.186) 낭만적인 결혼관에서 보면, 결혼에 대한 몽테뉴의 생각은 매우 부정적이다. 몽테뉴의 결혼관은 16세기라는 당시의 시대상황을 고려해야 하는 사안이기는 하지만, 현재를 살고 있는 우리의 경험에 비추어 볼 때 여전히 유효한 부분이 많다는 점은 부정할 수 없는 사실이다.

20) « *Joint qu'à dire vray la suffisance ordinaire des femmes n'est pas*

은, 여성과 더불어 형성하는 관계가 우정과 견줄 수가 없다면 그것은 위에서 살펴본 것처럼, 그 감정들의 속성뿐만 아니라, 여성이라는 존재 자체의 속성에서 기인한다고 해석되어도 무방할 것이다. 나약한 영혼을 표상하는 여성스러움(feminité)은 몽테뉴가 정의한 우정의 개념과는 서로 양립할 수가 없다. 결국 이성 간의 사랑, 그리고 부부 간의 사랑이 우정이 되지 못하는 이유는 여성의 본원적인 결함, 혹은 여성의 나약함으로 인한 것이 된다. 몽테뉴가 언급하고 있지는 않지만, 이러한 우정관에서는 여성과 여성 간의 우정도 불완전하고 결함이 있는 존재들 간의 애정인 이상, 사실상 근본적으로 불가능하다고 생각해 볼 수 있을 것이다. 오늘날 우리의 일반적인 우정관과 비교해 볼 때, 아마도 여성과 남성의 우정이 성적인 관계를 배제하고도 존재할 수 있다고 믿을 수 있다. 여성과 남성이라는 성적인 규정을 떠나 '인간'이라는 보다 큰 범주에서 사람들 간의 우정은 가능하다고 생각되고 또 설사 남녀의 관계로 변형될 잠재성이 늘 있다고 하더라도, 실제로 그러한 사례들이 존재한다는 것을 경험적으로 알기 때문이다.

3) 우정과 동성애

우정은 그러므로 무엇보다 남자들 간의 관계이다. 그런데 우정과 사랑이라는 서로 구분되는 감정들이 두 남자 친구들의 마음에 함께 존재하는 것이 가능할까? 만일 우리시대의 두 남자들 간의 우정 속에 사랑이라는 감정이 존재한다면, 그리고 그 표현의 강도와 정도의 면에서 일반적인 판단 수준을 넘어선다면, 사람들의 시선은 이 우정을 '동성애'라는 또 다른 관계의 유형으로 해석할 가능성이 농후하다. 우정

---

pour respondre à cette conference et communication, nourrisse de cette saincte couture; ny leur ame ne semble assez ferme pour soustenir l'estreinte d'un neud si pressé et si durable. » (I.28.186)

과 동성애적인 사랑이 두 남자의 애정 속에서 동시에 존재할 수 있을까? 흥미롭게도 몽테뉴는 이 두 감정들이 두 친구의 마음속에 함께 존재할 수 있을 뿐만 아니라 서로 섞이지 않을 수 있다고 주장한다. 라 보에시 생전, 두 사람이 서로 우정을 나누는 동안 애정과 우정이라는 감정이 동시에 마음속에 자리 했었다는 것이 몽테뉴의 고백이다. 마치 한 그릇 안에 있는 기름과 물처럼, 서로 다른 두 감정은 서로 만나지 않는다는 것이다. "전자(우정)는 항상 높이 날개를 펼치고 당당하게 저 아래 쪽에서 후자(사랑)가 자신의 길을 가는 것을 경시의 눈초리로 내려다보며 자기의 길을 갔던 것이다."[21)]

아마도 이러한 점이 몽테뉴를 연구한 일부 연구자들의 눈에 두 사람의 우정이 동성애적인 성격을 띠고 있다는 해석을 내놓게 되는 것인지도 모른다. 그러나 몽테뉴는 우정이라는 것이 동성애와는 다르다는 것을 이야기해준다. 그 이유는 이렇다.

> "그리스인들의 저 또 다른 방탕한 행위는 도덕에 의해 멸시당하고 있다. 그러나 그들의 관습에 의하면 연인들 사이의 연령과 신분의 차이는 필연적인 것이었으므로 그들의 사랑은 여기서 요구하는 완전한 결합과 조화에는 부합하지 못했다."[22)]

여기서 '방탕한 행위'란 물론 옛 그리스인들 사이에서 널리 퍼졌던 동성애를 말한다. 이는 서로 나이와 사회적 신분에서 차이가 나는 성

---

21) « *la premiere maintenant sa route d'un vol hautain et superbe, et regardant desdaigneusement cette cy passer ses pointes bien loing au dessoubs d'elle.* » (I.28.186)

22) « *Et cet'autre licence Grecque est justement abhorrée par nos meurs. Laquelle pourtant, pour avoir, selon leur usage, une si necessaire disparité d'aages et difference d'offices entre les amants, ne respondoit non plus assez à la parfaicte union et convenance qu'icy nous demandons.* » (I.28.187)

인과 소년 간의 관계였다. 옛것을 존중하고 사랑했던 몽테뉴에게도 고대인들의 이러한 풍습은 우정의 범주로 수용하기 어려웠던 것으로 보인다.

그런데 흥미로운 것은 몽테뉴가 키케로의 말을 인용하며 스스로에게 질문을 던지는 부분이다. "도대체 이 우정의 사랑이란 무엇인가? *Quis est enim iste amor amicitiae?*"(I.28.187) '우정의 사랑 *amor amicitiae* [amour d'amitié]'이란 이 모호하고 중의적인 표현은 우정과 남자들 간의 사랑을 명확하게 구분하는 일이 언제나 그렇게 만만하지는 않다는 것을 드러낸다. 아마도 '이 우정의 사랑'을 이해하기 쉽게 풀어서 옮기자면 '친구들 간의 사랑' 정도로 바꿀 수 있을 것인데, 여기서 '사랑'은 물론 관능적인 측면을 함의한다. 몽테뉴는 폭군 피시스트라트에 저항하다 죽은 아테네의 귀족 하르모디오스와 아리스토게이톤의 사례를 든다. 이 두 사람은 친구이자 연인이었다. 이들의 관능적인 우정에 대해 몽테뉴는 그리이스인들이 "신성하고 거룩한 *sacrée et divine.*"(I.28.188) 사랑이라고 부르며 칭송했다는 것을 상기시킨다. 이 우정은 정치적 행위를 실천하기 위한 토대로 기능한다는 점에서 찬양받고 있는 것이다.

> "여하튼 아카데미아의 개념에 호의적으로 말할 수 있는 것은 결국엔 우정으로 귀착되는 사랑이라는 것이다."[23)]

정신과 육체가 대립되는 몽테뉴의 우정관을 따라가다 보면, '우정으로 귀착되는 사랑'이라는 짧은 문장이 의미하는 바를 이해하는 것이 쉽지 않다. 몽테뉴의 우정 모델은 사실 독특하고 이해하기 어려운 점

---

23) « *En fin tout ce qu'on peut donner à la faveur de l'Académie, c'est dire que c'estoit un amour se terminant en amitié.* » (I.28.188)

이 많은데, 아마도 그것은 앞에서 언급했던 것처럼 우정에 대한 묘사가 감성적인 영역으로 들어간다는 점이 큰 몫을 하고 있다. 몽테뉴의 완전한 우정의 원형은 '사랑 amour'과 매우 흡사하다(Aymard, 1986: 463).[24) 『에세』라는 텍스트를 통해서, 즉 언어를 통해서만 들여다 볼 수 있는 그의 정신세계는 특정한 수사 및 표현의 사용에 주목하여 들여다 볼 수 있다. 인지적인 관점에서 말하자면, 표층적으로 드러난 언어 표지들은 우리에게 그의 마음 안에서 일어나고 자리 잡은 감정의 흔적들을 읽어낼 수 있게 도와준다. 아래에서 살펴보겠지만, 이 언어들은 우리가 알고 있는 '낭만적 사랑'을 기술하기에 적합한 것들이고, 라 보에시와의 우정을 표상하는 그들만의 언어이다.

3.4. 우정, 하나가 되기 위한 것

1) 의지와 자유

몽테뉴는 독자들에게 그리스의 동성애적 우정을 언급하며 주었던 혼란을 잠재우듯 자신의 우정을 설명하기 위해 좀 더 나아간다. 이 지점에서 그는 키케로를 소환한다. "양쪽 모두 정신적으로나 나이로나 성숙하지 않으면 우정을 판단할 수 없다. *Omnino amicitiae, corroboratis jam confirmatisque ingeniis et aetatibus, judicandae sunt.*"(I.28.188) 그러니까 몽테뉴에게 진정한 우정이란 "보다 공평하고 보다 평등한 *plus equitable et plus equable*"(I.28.188) 조건이 충족되어야 하는 것이다. 이 '공평하고 평등한' 우정, 구체적이면서도 추상적인 이 우정은 다른 '유사(pseudo)' 우정들과는 거리를 두는 것이다. 몽테뉴가 우정의 모습을 제시하는 방식은 위에서 본 것처럼 인간

24) 보다 자세한 논의는 서종석(2012) 참조.

의 다른 관계들을 계층화하는 것이다. 인간이 사회 속에서, 자신의 삶을 살아가면서 타자들과 구축하는 관계는 최상의 고결한 차원에 자리하는 유형과 그렇지 못한 것들의 구성이다. 이러한 관점은 우리가 우정의 범주 안에 놓을 수 있는 다른 사교적 관계들을 '완전한 우정'의 아래에 놓는 것이다. 그렇게 함으로써 몽테뉴와 라 보에시의 우정은 인간이 만드는 모든 관계들뿐만 아니라 범인들의 우정들까지도 넘어서는 고결하고 이상적인 관계의 유형으로 자연스레 거듭나게 된다.

위에서 언급한 것처럼, 이러한 목적을 위해 몽테뉴가 제일 먼저 하는 일은 단수로서의 '우정'과 복수로서의 '우정들', 그러니까 참된 우정과 유사 우정들을 질적으로 구분하는 것이다.

> "보통 우리가 친구라든가 우정이라고 부르는 것은 단지 어떤 우연한 기회나 혹은 이익을 위해 맺어진 교제이자 친교에 불과하며, 그것으로 서로의 영혼은 이어지게 된다. 그러나 내가 말하는 우정에서는 그 경계선이 사라져 눈에 보이지 않을 정도로 우리의 영혼들이 서로 완전히 혼합되고 하나로 융합되어 있다."[25)]

보통 사람들의 우정은 그 관계의 목적이 분명하기 때문에 그 원인이 소멸되면 '우정'이라는 애정도 함께 사라지는 취약함을 그 자체로 지니고 있다. 따라서 서로의 '영혼'은 늘 떠날 수 있는 상태로 유지되고 서로의 경계는 뚜렷하다. 반면 진정한 우정은 "영혼들을 이어준 재봉질[바느질] 자국 *la couture qui les a jointes*"이란 은유적 표현이

---

25) « *Au demeurant, ce que nous appellons ordinairement amis et amitiez, ce ne sont qu'accoinctances et familiaritez nouées par quelque occasion ou commodité, par le moyen de laquelle nos ames s'entretiennent. En l'amitié dequoy je parle, elles se meslent et confondent l'une en l'autre, d'un melange si universel, qu'elles effacent et ne retrouvent plus la couture qui les a jointes.* » (I.28.188)

말해주듯이, 마치 서로 다른 두 천 조각들이 만났지만 본래 하나였던 양, 둘을 이어 준 박음질 자국조차 없어져 버린 것과 같다. 두 영혼은 완전히 결합이 되어 본래의 모습은 사라진 상태가 되어 버린 것이다. 그러므로 몽테뉴에게 있어 진정한 우정은 서로 다른 두 개체의 의지가 하나로 뒤섞여, 결국 두 영혼이 '융합(fusion)'되는 관계인 것이다.

> "그것은 모든 것을 혼합시킨 혼합물의 정수로서, 나의 모든 의지를 모아 그의 의지 속에 녹아들어 사라지게 하고, 하나의 갈망으로 그와 마찬가지 노력으로 그의 모든 의지를 사로잡아 내 의지 속에 사라지게 한 것이었다."[26)]

두 사람의 의지가 뒤섞여 하나가 되는 이 완전한 우정 속에서 '너'와 '나' 사이의 구분은 그 의미를 상실한 채 사라진다. 따라서 몽테뉴가 "'사라지게 했다'고 하는 것은 우리의 우정이 우리의 것은 아무 것도, 그의 것과 나의 것을 아무 것도 남겨놓지 않았기 때문이다."[27)]라고 한 것은 이러한 의미에서 이다. 몽테뉴에게 있어 '의지'의 문제는 무엇보다 '자유'의 개념에 토대를 둔 것이다. 이것은 뒤에서 살펴보겠지만, 라 보에시의 사상과 여러 가지 면에서 연결되고 연속성을 갖는다.

이 의지의 혼합, 영혼의 융합은 자기와 타자의 구분을 소멸시키고 네 것도 내 것도 아닌 우리의 것 속에서 머무는 신비를 보여준다. 여기서 우리의 것이 상징하는 것은 친구의 부족함을 채워주면서도 주는 쪽인 내가 오히려 고마워하는 상태에 이른, 두 존재의 하나된 모습

---

26) « *c'est je ne sçay quelle quinte essence de tout ce meslange, qui, ayant saisi toute ma volonté, l'amena se plonger et se perdre dans la sienne; qui, ayant saisi toute sa volonté, l'amena se plonger et se perdre en la mienne, d'une faim, d'une concurrence pareille.* » (I.28.189)

27) « *Je dis perdre, à la verité, ne nous reservant rien qui nous fut propre, ny qui fut ou sien ou mien.* » (I.28.189)

이다. 그의 부족함은 나의 부족함이나 마찬가지이고, 채워짐으로써 얻는 만족도 나의 것이 되기 때문이다. 그것은 또한 서로 자신을 온전히 줌(don de soi)으로써 존재의 범위를 확장하는 것과 같다.

> "내가 말하는 참된 우정의 경우, 한쪽이 다른 쪽에게 뭔가를 줄 때, 주는 쪽이 오히려 받아주는 쪽에게 고마움을 느끼는 것이다. 왜냐하면 그들이 가장 원하는 것은 상대방에게 유익한 것을 주는 것이며, 뭔가를 받은 쪽은 친구에게 그가 가장 하고 싶은 일을 하게 해준 즐거움을 준 것이므로, 친구에게 가장 원하는 것을 할 수 있는 재료와 기회를 제공해 준 쪽이야말로 진정으로 호의를 베푼 셈이기 때문이다."[28)]

나의 의지는 곧 친구의 의지여서 친구의 행동이나 결정은 곧 내가 한 것이나 다름이 없는 것이 되며, 그에 대한 책임도 곧 내가 지는 것이다. 이것은 책임을 서로 나눈다는 의미가 아니다. 몽테뉴는 이 의지의 문제에 대해 로마의 정치가 티베리우스 그라쿠스(Tiberius Gracchus)의 예까지 들며 비교적 상세하게 자신의 생각을 개진해 나간다. 로마 정치가이자 개혁론자였던 그는 호민관으로서 농지법과 관련한 개혁법을 발의했다가 죽임을 당한 사람이었다. 그의 가장 친한 친구였던 카이우스 블로시우스(Caius Blossius)는 진보적인 생각을 지닌 죽은 친구 때문에 심문을 받았으나 이에 굴하지 않고 그라쿠스의 의지에 대한 자신의 확신을 굽히지는 않았다. 몽테뉴는 그들의 행

---

28) « *Si, en l'amitié dequoy je parle, l'un pouvoit donner à l'autre, ce seroit celuy qui recevroit le bien-fait, qui obligeroit son compagnon. Car cherchant l'un et l'autre, plus que toute autre chose, de s'entre-bienfaire, celuy qui en preste la matiere et l'occasion est celuy-là qui faict le liberal, donnant ce contentement à son amy, d'effectuer en son endroit ce qu'il désire le plus.* » (I.28.190)

위가 일치하지 않았더라면, 자신이 겪은 진정한 우정을 기준으로 볼 때, 그들은 서로에 대해서 뿐만 아니라 그들 자신에 대해서도 친구가 아니었을 것이라고 말한다. 그러나 "그들은 서로에게 자신을 완전히 맡겼으며, 서로의 의향을 완전히 지배하고 있었던 것이다."[29] 몽테뉴가 그라쿠스와 블로시우스를 소환한 이유는 바로 이들을 통해 자신도 경험한, "이 우정의 신비 *ce mystere*"(I.28.189)를 더욱 가치 있게 드러내고자 하는 것이다. 이는 이상화된 옛것과의 대화이자, 자신의 것을 이해해 주고 공유해 줄 수 있는 대상과의 정신적인 대화이기도 하다. 몽테뉴는 블로시우스가 받았던 곤란한 질문을 스스로에게도 던지며 답을 내놓는다. "만일 당신의 의지가 딸을 죽이라고 명령한다면 당신은 딸을 죽이겠냐는 질문을 받는다면 나는 당연히 '그렇다'고 대답할 것이다. 그 대답은 행위를 실행하는 데에 동의한다는 증거가 아니라 내 의지를 조금도 의심하지 않음에 대한 증거인 것이다."[30]

영혼의 융합은 곧 진정한 우정을 나누는 두 친구가 한 몸으로 움직이는 것을 의미하며, 서로에 대해 느끼는 강한 애정을 통해 서로의 마음 속 깊은 곳까지 투명하게 들여다 볼 수 있게 해준다. 따라서 두 사람은 서로의 마음을 자기의 마음만큼 알게 되므로 "나를 나 자신에게 맡기기보다는 기꺼이 그에게 맡겼다 *je me fusse certainement plus volontiers fié à luy de moy qu'à moy.*"(I.28.190)고 말할 수 있는 것이다.

이러한 우정관 속에서 각자에게 귀속된 것은 아무 것도 없다. 몽

29) « *S'estans parfaittement commis l'un à l'autre, ils tenoient parfaittement les renes de l'inclination l'un de l'autre.* » (I.28.189)

30) « *Si vostre volonté vous commandoit de tuer vostre fille, la tueriez vous? et que je l'accordasse. Car cela ne porte aucun tesmoignage de consentement à ce faire, par ce que je ne suis point en doute de ma volonté, et tout aussi peu de celle d'un tel amy.* » (I.28.189)

테뉴는 "몸은 둘이지만 영혼은 하나"라는 아리스토텔레스의 우정관에 의지하면서, 완전한 결합이 만드는 상태를 보다 구체적으로 설명해 준다. 그것은 두 친구로 하여금 무엇을 해야 한다는 의무감을 지우지 않으며, 감사나 간청, 혹은 은혜 등과 같은 말들이 지닌 분리와 구별의 개념들을 생각에서 몰아낸다. 따라서 "그들 사이에는 의지, 생각, 견해, 재산, 아내, 자식, 명예 그리고 생명 등 모든 것이 공동소유가 된다."[31)]정신은 이때 육체를 능가하는 그 무엇이다. '눈에서 멀어지면, 마음에서도 멀어진다. *Loin des yeux, loin du cœur*'는 말은 완전한 우정을 나누는 사람들 사이에서는 전혀 의미가 없는 이야기다. 서로 하나의 영혼, 하나의 의지로 거듭난 존재들에게는 공간적으로, 물리적으로, 혹은 지리적으로 서로 떨어져 있다하더라도 서로의 소식만 알 수 있는 수단만 있다면 아무런 문제가 되지 않는다. 몽테뉴는 『에세』 3권 9장 「허영에 대하여 *De la vanité*」에서 이렇게 말한다.

> "나는 우정이 이 세상 한 쪽에서 다른 쪽으로까지 뻗쳐서 잡을 수 있을 만큼 긴 손을 지니고 있다는 것을 알고 있다. 그리고 특히 서로 염려해 주는 편지를 꾸준히 주고받으며, 우정의 의무와 추억을 잠 깨워 주는 경우에는 더욱 그렇다."[32)]

물론 이는 1권 28장에서 언급한 자신의 우정관을 『에세』의 다른 곳에서 다른 방식으로 반복하고 있는 것이다. 몽테뉴의 말은 우정을 나눈다는 것이 꼭 매일 서로 만나 얼굴을 보고 함께 추억을 쌓는 것

31) « *Tout estant par effect commun entre eux, volontez, pensemens, jugemens, biens, femmes, enfans, honneur et vie,* [...] » (I.28.190)

32) « *Je sçay que l'amitié a les bras assez longs pour se tenir et se joindre d'un coin [Image 0438] de monde à l'autre; et notamment cette cy, où il y a une continuelle communication d'offices, qui en reveillent l'obligation et la souvenance.* » (III.9.975)

은 아니라는 것을 이야기 한다. 깊은 우정을 나눈 사람들이라면 서로 만나는 빈도나 교류가 많았을 것으로 생각해볼 수 있겠지만, 실제로도 두 사람이 우정을 교환하는 방식이 그랬던 것으로 보인다. "진실한 우정에서는, 내가 경험자로서 잘 알고 있다시피 *En la vraye amitié, de laquelle je suis expert*"(III.9.977), "서로 소식을 전할 수 있는 수단이 있다면 엄밀히 부재(不在)는 아니다."[33] 들라콩테(Delacomptée 2007: 47)에 따르면, 몽테뉴와 라 보에시는 거의 만나지 못한 채 편지를 통해 안부를 물은 것으로 보이는데 아쉽게도 그 흔적이 남아 있지 않다.

우정이 진실하고 완전한 것일 때 기적은 일어난다. 두 의지의 결합, 두 영혼의 융합을 통해 만들어진 새로운 '하나'는 육체가 조건 짓는 한계에 상관없이 서로의 자유를 누리면서 둘로 나누어질 수 있는 기적을 만들어 내는 것이다. "자신이 두 개로 나눠질 수 있다는 것은 대단한 기적이다. *C'est un assez grand miracle de se doubler.*" (I.28.191) 떨어져 있다는 것은 오히려 시련을 주기보다는 하나하는 것을 더 드러내준다는 사실을 확인해 주는 것이다.

> "나는 전날 우리가 서로 떨어져 있는 것으로 이익과 편의를 얻었다. 우리는 서로 떨어져 지내며 더 충실하게 인생을 소유하고 확장했던 것이다. 그는 마치 그가 여기 있는 듯 충만하게 나를 위해서, 그리고 나는 그를 위해서 살고 즐기며 보았다. 우리가 함께 있는 때에는 우리의 한 부분은 한가로웠다. 우리는 하나로 혼합되어 있었다. 장소의 격리는 우리 의지의 결합을 한층 풍부하게 해 주는 것이었다."[34]

---

33) *« ce n'est pas proprement absence, quand il y a moyen de s'entr'advertir. »* (III.9.977)

34) *« J'ay tiré autrefois usage de nostre esloignement et commodité. Nous remplissions mieux et estandions la possession de la vie en nous separant: il vivoit, il jouissoit, il voyoit pour moy, et moy pour luy,*

따라서 몽테뉴에게 있어서는 오히려 서로 떨어져 있다는 사실은 두 친구를 더욱 하나로 만들어 주는 계기가 된다. 또 육체적으로 함께 있고자 하는 욕망은 오히려 두 사람의 영혼이 나약하다는 것을 반증한다는 것이다.

완전한 우정에서 두 친구는 서로의 거울이다. 하나가 된 의지로, 친구 안에서 서로 자신의 모습을 볼 수 있으며, 이를 통해서 자신의 정체성을 구축할 수가 있는 것이다.

> "우리의 영혼은 그렇게 하나가 되어 움직이며, 서로에 대해 그토록 강한 애정을 느끼며, 강한 애정으로써 서로의 마음 속 깊은 곳까지 들여다보고 있으므로 그의 마음을 나의 마음만큼 잘 알고 있을 뿐만 아니라 나를 나 자신에게 맡기기보다는 기꺼이 그에게 맡겼다."[35]

2) 우정, 혹은 운명

몽테뉴에게 '운명'은 두 얼굴의 모습으로 다가온다. 그러나 운명은 그에게 우정이라는 최고의 선물을 주었지만 그것도 잠시, 라 보에시의 죽음도 안겨주게 된다. 친구가 생전에 준 기쁨만큼이나 상실로 인한 그의 고통이 큰 이유는 짧은 시간동안이었지만 남달랐던 우정의 강도에서 나온다. 두 사람의 우정은 마치 '사랑에 빠진 두 연인'의 이야기처럼 시작된다. 운명으로 묘사한 그와 라 보에시와의 만남의 장면은

---

autant plainement que s'il y eust esté. L'une partie demeuroit oisifve quand nous estions ensemble: nous nous confondions. La separation du lieu rendoit la conjonction de nos volontez plus riche. » (III.9.977)

35) « *Nos ames ont charrié si uniement ensemble, elles se sont considerées d'une si ardante affection, et de pareille affection descouvertes jusques au fin fond des entrailles l'une à l'autre, que, non seulement je connoissoy la sienne comme la mienne, mais je me fusse certainement plus volontiers fié à luy de moy qu'à moy.* » (I.28.189~190)

마치 처음 만난 남녀가 첫눈에 사랑에 빠진 장면을 연상시킨다고 해도 이상한 게 전혀 없다.

> "시내의 어느 큰 축제에서 처음으로 우연히 만나게 되었을 때, 서로에게 완전히 마음이 빼앗겼으며 몹시 가까워졌다. 그 후 우리 둘 사이보다 더 친밀한 것은 아무 것도 없게 되었다."[36)]

위 인용문은 몽테뉴가 라 보에시와의 만남에서 느꼈던 울림이 우리가 알고 있는 사랑의 감정과 유사하다는 것을 보여준다. 그것은 운명적인 사랑 같은 것이다. "우연히"라고 하고 있지만, 몽테뉴는 두 사람의 만남이 인간의 이해의 차원을 넘어서는 것이었으며, "설명할 수 없는 운명적인 힘 *force inexplicable et fatale*"이 개입하여 "우리를 결합시킨 *mediatrice de cette union*" 결과였다고 주장한다. 앞서 언급한 것처럼 두 사람의 만남에는 라 보에시가 어린 시절 작성한 소논문 『자발적 복종론』의 역할이 있었지만, 몽테뉴의 묘사에 따르면, 라 보에시 쪽에서도 몽테뉴라는 인물을 익히 알았던 것으로 보인다. 따라서 "우리는 만나기 전부터 서로에 대해들은 소문으로 서로를 찾고 있었는데, 보통의 소문들이 남기는 인상보다 훨씬 더 큰 인상을 우리의 정신에 남겼던 것이다."[37)] 그러나 앞서 몽테뉴 자신이 언급한 것처럼, "우리의 첫 만남의 중개 역할을 했던 그 논문"이 우정을 배태시키는

---

36) « *Et à nostre premiere rencontre, qui fut par hazard en une grande feste et compagnie de ville, nous nous trouvasmes si prins, si cognus, si obligez entre nous, que rien des lors ne nous fut si proche que l'un à l'autre.* » (I.28.188)

37) « *Nous nous cherchions avant que de nous estre veus, et par des rapports que nous oyïons l'un de l'autre, qui faisoient en nostre affection plus d'effort que ne porte la raison des rapports* [...]. » (I.28.188)

데 있어 결정적이었던 것은 사실이다. 둘의 만남에는 '연회'라는 물리적이고 구체적인 공간이전에 '책'이라는 지적이고 추상적인 공간이 존재한다. 두 사람은 이 정신적 공간에서 이미 서로를 애타게 찾고 있었던 것으로 묘사된다. "만나기 전부터 서로를 찾고 있었다. *Nous nous cherchions avant que de nous estre veus*"는 표현은 몽테뉴가 라 보에시와의 만남 자체를 숙명적인 것으로 이해하고 있었다는 것을 잘 나타내 준다. 몽테뉴에게 그것은 정해진 두 사람의 삶의 여정이며 그저 가야할 길인 것이었다.

> "나는 그런 일이 하늘의 섭리에 의해 일어났다고 믿는다. 우리의 이름으로 서로를 포옹하였던 것이다."[38]

운명이 따라야 하는 것이라면, 그것은 인간이 의지와는 상관이 없는 신성(神性 divinité)의 개입으로 이루어지기 때문이다. 몽테뉴가 자신의 완전한 우정의 '신비'를 설명하는 방식은 초월적인 존재의 힘에 의지하여 그를 소환하는 것이다. 설명할 수 없는 존재의 의지의 개입은 그 표현을 달리 할 뿐 이곳저곳에서 우정을 설명하는데 반복 사용된다. 그렇다고 그것이 반드시 기독교 신자로서 몽테뉴의 종교적 신앙에서 비롯됐다는 것을 의미하지는 않는다. 그것은 오히려 두 사람의 우정을 보통의 우정들과 차별화하여 이상화하는 수사적 전략으로 봐야한다. 위에서 인용한 "신의 의지 속에서" (I.28.184), "하늘의 섭리에 의해", "설명할 수 없는 운명적인 힘" 등을 비롯하여, "이 거룩한 결합(*cette saincte couture,* I.28.186)", "이 신성한 결연(*cette divine liaison,* I.28.190)" 같은 표현들은 완전한 우정의 운명적 성격과 함께

38) « *je croy par quelque ordonnance du ciel: nous nous embrassions par noz noms.* » (I.28.188)

신성한 존재에 호소하고 있는 몽테뉴의 수사적 장치들이다.

종교적 신비의 색채를 간직한 채 고결한 지위가 부여된 우정, 그리고 그 우정을 운명적인 경험으로 만드는 것은 역설적으로 말로는 설명할 수 없다는 '언어적 한계'와 결부되어 있다. 달리 말해, 몽테뉴가 우정을 정의하는 방식은 언어의 무기력과 한계를 있는 그대로 보여주며 그것을 통해 자신의 우정을 규정한다는 것이다. 몽테뉴의 우정은 근본적으로 언어 저 너머, 논리적이고 이성적인 이해를 넘어선 감성의 영역 속에 존재한다. 말로는 표현할 수 없는 믿음의 세계처럼 몽테뉴의 우정은 그것을 설명하기 위해서는 또 다른 존재의 힘을 필요로 하기 때문이다. 몽테뉴에게 우정은 설명할 수 없는 무엇, 이미 인간이 표현할 수 있는 영역을 벗어난 것이다. 언어는 모든 것을 표현할 수 없다. 예정된 운명의 만남으로서 완전한 우정을 설명하기 위해 몽테뉴가 사용하는 표현은 이성적인 언어에 속하지 않는다. '말할 수 없다'는 것을 표현하는 것 자체로 언어는 제 할 일을 할뿐이다. 몽테뉴에게 진정한 우정은 경험하지 못한 이들에게는 전달할 수도, 설명할 수도 없는 대상이다. "나는 ...라밖에는 달리 표현할 수 없음을 느낀다 *je sens que cela ne se peut exprimer, qu'en respondant...*"(I.28.188), "알지 못하는 설명할 수 없는 힘... *ne sçay quelle force inexplicable.....*" (I.28.188), "그것은 내가 알지 못하는 *c'est je ne sçay quelle.....*" (I.28.189), "나의 모든 이성적 이해를 넘어선 *au-delà de tout mon discours*"(I.28.188) 등은 예외적인 우정을 설명할 길 없는 그의 답답함이 그대로 드러난 표현들이다. 비단 이것은 몽테뉴의 경우만은 아닐 것이다. 표현할 길이 없는 상황에서는 누구라도 그저 같은 말을 반복하며 되뇌는 길밖에는 달리 도리가 없기 때문이다. 아래의 구절은 아마도 완전한 우정이라는 한계의 경험과 언어의 무기력을 가장 잘 표현하고 있는 몽테뉴의 고백이다.

“누가 내게 왜 그를 사랑하느냐고 물어 본다면, 나는 그것을 표현할 수 없음을 느낀다. 다만 그가 그였고, 내가 나였기 때문이라고 밖에는 대답할 길이 없다.”[39)]

이 인용문은 몽테뉴의 우정을 특징지을 때 가장 많이 소개되는 구절이기도 하다. 그만큼 몽테뉴의 말로 표현할 수 없는 경험이 만든 감정의 덩어리와 그 숙명적 성격을 있는 그대로 독자들에게 전달해준다. 또한 아래에서 살펴볼 우정과 사랑의 중의성, 혹은 몽테뉴와 라 보에시의 우정이 낭만적인 감정에 토대를 두고 있음을 잘 보여주는 구절이기도 하다. ‘*Parce que*’의 반복이 만들어 내는 효과는 감정의 복잡성을 이내 단순화하고 그 주체를 명증하게 보여준다. 단순화된 두 원인절은 마치 감정의 논리를 이성의 논리로 풀어낸 듯이 보이게 하면서 그 원인을 담아내고 있다. 이 구절은 우정이 설명할 수 없는 것이라면, 그것은 그 우정이 완벽하고 이상적인 것이기 때문이라는 것을 가장 잘 표현해 주고 있는 언술이라고 할 수 있을 것이다(서종석, 2012~2013).

그런데 이 인용문에는 중요한 가필의 과정이 숨어 있다. 아래의 [이미지 1]은 몽테뉴가 『에세』의 여백에 직접 가필을 한 작업의 흔적을 그대로 보여주는 보르도판 이미지이다. 이 가필은 맥락에 따라서 여러 가지 유의미한 해석을 끌어낼 수 있을 것이라는 점에서 중요하다. 앞서 우리는 몽테뉴와 라 보에시 간의 ‘지적인 불균형’을 지적한 메를로 퐁티의 주장을 언급하였는데, 이 가필 과정을 살펴보기 위해 메를로 퐁티의 관점으로 잠시 돌아가 보자. “나의 초상화를 위해 온전히 나를 맡길 수 있는 사람은 아무도 없다. 오직 그만이 나의 진정한

39) « *Si on me presse de dire pourquoy je l'aymois, je sens que cela ne se peut exprimer, qu'en respondant: Par ce que c'estoit luy; par ce que c'estoit moy.* » (I.28.186)

모습을 알고 있었고, 그것과 더불어 떠나가 버렸다. 이런 이유로 이토록 주의 깊게 내가 누구인지 알려고 애쓰고 있는 것이다." 이 구절은 앞서 인용한 것인데, 메를로 퐁티는 몽테뉴와 라 보에시의 우정에서 관찰되는 관계가 일종의 "우리를 타인의 노예로 만드는 관계 유형"(1960: 337)으로 규정한다. 메를로 퐁티는 이 인용된 텍스트를 통해서, 몽테뉴는 라 보에시의 생전이나 사후를 막론하고 그를 벗어나서는 정의될 수 없는 존재로 해석한다. 그러니까 요컨대 라 보에시가 자신을 알고 있는 것만큼도 자신에 대해 알고 있지 못하다고 생각하는 고백인 것이다. 메를로 퐁티는 '나보다 더 나를 아는 친구 라 보에시' 처럼 자신을 알기 위해 몽테뉴는 스스로에게 질문을 던지고 자신을 연구의 대상으로 삼았다고 판단한다. 더 나아가 이 철학자의 해석은, 라 보에시에 대한 우정이 몽테뉴의 삶 속에서 하나의 우연은 아니며, 몽테뉴 자신과 『에세』의 저자가 바로 이 우정에서 태어났다는 데까지 이른다(Merleau-Ponty, op.cit.: 336~337). 라 보에시에 대한 몽테뉴의 지적인 불균형이나 혹은 열등감 등을 사실의 문제로 판단하는 것은 모든 몽테뉴 연구자들이 반드시 동의하는 것은 아니다. 여하튼 이 글의 모두에서 소개된 몽테뉴의 화가와 그림 은유도 이 같은 해석과 연결될 수 있지만, 다양한 관점들 중의 하나로 보아야 할 것이다.

이러한 의미에서 "*Par ce que c'estoit luy; par ce que c'estoit moy.*" 라는 언술과 관련된 가필의 문제는 우리에게 흥미로운 호기심을 불러일으킨다. [이미지 1]이 부분에서 주목할 부분은 오른쪽 윗부분에 가필한 부분이다. 그런데 주의 깊게 관찰해 보면, '*Par ce que*'라는 두 원인절의 잉크색이 차이가 나는 것을 볼 수 있다. 먼저 가필한 것은 "*qu'en respondant: Par ce que c'estoit luy;* "까지이고, 이어서 덧붙인 부분이 "*par ce que c'estoit moy.*"이다. 상식적인 차원에서 생각해볼 때, 적어도 서로 다른 펜으로, 그리고 다른 잉크로 가필한 상황을 배제한다면 두 부분에서 보이는 잉크 색의 차이는 몽테뉴의 가필이 시간차로 이루어졌다는 것을 의미한다. 우선 몽테뉴가 먼저 가필한 원인절의 주체는 '그(*luy*)', 즉 라 보에시이고, 두 번째 원인절의 주체는 '나(*moy*)', 즉 몽테뉴이다. 우선 라보에시를 먼저 가필했을 때 우리가 읽게 될 내용은 대략 '누가 내게 왜 그를 사랑하느냐고 물어 본다면, 나는 그것을 표현할 수 없음을 느낀다. 다만 그였기 때문이라고 밖에는 다른 대답이 없다.'정도였을 것이다. '나였기 때문'이라는 부분이 가필이 되면서 해당 언술은 의미적인 측면에서뿐만 아니라 형태적으로도 균형을 갖추게 되었다고 말할 수 있을 것이다.

오래전부터 『에세』에 대한 연구가 진행되어 왔지만 이 부분에 대한 관찰은 그 중요성에도 불구하고 비교적 최근에 와서야 이루어진 것으로 보고된다. 또한 가필과 삭제를 통한 텍스트의 의미 변화에 대한 관심이 『에세』 연구에 있어서 얼마나 중요한지를 시사해준다. 사실 가필과 삭제 행위는 어떻게 보면 단순히 저자가 수사적인 차원에서 행하는 것으로 간과할 수도 있는 문제이다. 그러나 이는 단순한 해석을 넘어, 우정의 개념이 – 그리고 그의 정체성의 문제도–수정과 가필 작업이라는 시간의 축을 따라 변화된 그의 의식의 변화 과정 속에서 고찰되어야 한다는 것을 의미한다(Legros, 2008, 각주 3, Regosin, op.cit., 16 참조, 서종석, 2013~2014). 이러한 작업 속에서 몽테뉴는 또 다른 자아, 라 보에시와 끊임없는 정신적인 교류, 간단없는 대화를 나누며 비로소 온전하고 완전한 의지의 결합을 통해 텍스트 속에서 하나가 되었다고 할 수 있을 것이다. 몽테뉴의 가필 작업은 그의 정신적 실체, 혹은 심리적 현실을 재구성하는 일련의 과정이라고 할 수 있을 것이다.

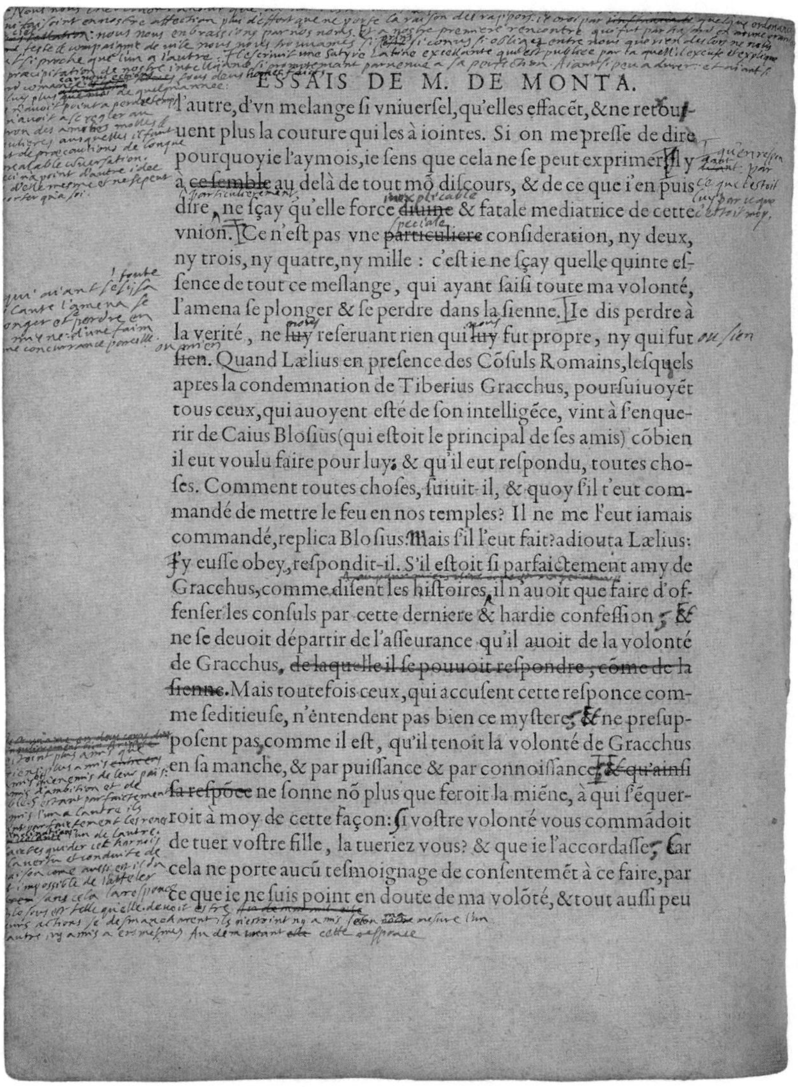
ESSAIS DE M. DE MONTA.

l'autre, d'vn melange si vniuersel, qu'elles effacēt, & ne retrouuent plus la couture qui les à iointes. Si on me presse de dire pourquoy ie l'aymois, ie sens que cela ne se peut exprimer, il y à ce semble au delà de tout mō discours, & de ce que i'en puis dire, ne sçay qu'elle force diuine & fatale mediatrice de cette vnion. Ce n'est pas vne particuliere consideration, ny deux, ny trois, ny quatre, ny mille : c'est ie ne sçay quelle quinte essence de tout ce meslange, qui ayant saisi toute ma volonté, l'amena se plonger & se perdre dans la sienne. Ie dis perdre à la verité, ne luy reseruant rien qui luy fut propre, ny qui fut sien. Quand Lælius en presence des Cōsuls Romains, lesquels apres la condemnation de Tiberius Gracchus, poursuiuoyēt tous ceux, qui auoyent esté de son intelligēce, vint à s'enquerir de Caius Blosius (qui estoit le principal de ses amis) cōbien il eut voulu faire pour luy: & qu'il eut respondu, toutes choses. Comment toutes choses, suiuit-il, & quoy s'il t'eut commandé de mettre le feu en nos temples? Il ne me l'eut iamais commandé, replica Blosius. Mais s'il l'eut fait? adiouta Lælius: I'y eusse obey, respondit-il. S'il estoit si parfaictement amy de Gracchus, comme disent les histoires, il n'auoit que faire d'offenser les consuls par cette derniere & hardie confession, & ne se deuoit départir de l'asseurance qu'il auoit de la volonté de Gracchus, de laquelle il se pouuoit respondre, cōme de la sienne. Mais toutefois ceux, qui accusent cette responce comme seditieuse, n'entendent pas bien ce mystere, & ne presupposent pas, comme il est, qu'il tenoit la volonté de Gracchus en sa manche, & par puissance & par connoissance, & qu'ainsi sa respōce ne sonne nō plus que feroit la miēne, à qui s'enquerroit à moy de cette façon: si vostre volonté vous commādoit de tuer vostre fille, la tueriez vous? & que ie l'accordasse, car cela ne porte aucū tesmoignage de consentemēt à ce faire, par ce que ie ne suis point en doute de ma volōté, & tout aussi peu

[보르도 판 이미지][40]

40) 이 보르도 판 이미지는 아래의 주소에서 가져온 것임.
[http://artflsrv02.uchicago.edu/images/montaigne/0071v.jpg]

3) 배타성, 혹은 단일성

몽테뉴와 라 보에시의 우정의 또 다른 특징은 매우 배타적이라는 데 있다. 이 배타성은 언어의 한계성과도 무관하지 않다. 몽테뉴에게는 자신만이 경험한 진정한 우정이 다른 사람들에게는 설명할 수 없는 것이다. 그리고 또 이 우정은 다른 사람들이 이해할 수 있는 경험도 아니다. 이는 우정의 당사자들 외에는 모두 이 인간관계에서 배제된다는 것을 의미한다. 따라서 "그가 그였고, 내가 나였기 때문이다." 라는 표현이 함의하는 것은 언어의 무력감을 표현하는 것 외에도, 몽테뉴와 라 보에시라는 두 사람이 아니면 안된다는 의미를 담고 있는 것이다. 아무나 이러한 우정을 경험할 수는 없는 것이다. 마치 여기에는 '선택된 사람들'이라는 발상이 자리 잡고 있다. 그러므로 이 우정은 그 자체로 하나이고 예외이며 비교 불가한 것으로 이해된다.

> 우리의 우정 이외에는 아무 모델도 갖고 있지 않았으며, 오직 그 자체와만 비교될 수 있을 뿐이다.[41]

그런데 이것은 우정을 나누는 사람이 누구이냐는 문제뿐만 아니라 몇 명이냐는 참여자의 수의 문제까지 포함하는 일이다. 보통의 인간으로서 우리가 일상에서 가꾸어 가는 우정의 모습은 상대적으로 느슨한 관계이다. 한 사람이 여러 사람과 인간관계를 맺는 복수의 친구 관계는 오히려 자연스러운 일이다. 그러나 참된 우정이 배타적이라는 말은 몽테뉴에게 있어 '우정이란 두 남자 사이의 관계이며 그것이 둘 이상이면 원칙적으로 완전한 우정의 조건을 충족시킬 수 없다'는 것을 의미한다. 이는 몽테뉴가 인용하고 있는 예를 살펴보면 쉽게 이

41) « *Cette cy n'a point d'autre idée que d'elle mesme, et ne se peut rapporter qu'à soy.* » (I.28.189)

해할 수 있다. 몽테뉴는 자신의 주장을 뒷받침하기 위해 고대 선인들의 예들을 빈번히 활용하는데 여기서도 마찬가지이다. 몽테뉴가 소환하는 인물들은 코린트인(Corinth) 에우다미다스(Eudamidas)의 이야기이다. 그에게는 시키온인(Sicyon) 카리크세노스(Charixenus)와 코린트인 아레테우스(Aretheus)라는 두 친구가 있었다. 그는 가난했지만 두 친구들은 부유했는데, 임종을 맞아 어머니의 봉양과 미혼인 딸의 결혼 등을 부탁하는 유언장을 친구들에게 상속으로 남겼다. 사람들은 이 유언장을 이해할 수 없었지만 두 친구는 만족해하며 유언장의 내용대로 일을 처리했다. 몽테뉴에 따르면, 이 예는 완벽한 우정이 무엇인가를 보여주고 있지만 한 가지 흠이 있다면 바로 "친구의 수 *la multitude d'amis*"에 있다.

> "내가 말하는 완전한 우정은 둘로 나누어 질 수 없는 것이기 때문이다. 완전한 우정의 경우, 두 사람은 자신을 온전히 상대방에게 주므로 다른 사람에게 줄 것이 아무것도 없다. 오히려 그는 친구에게 두 배, 세 배, 네 배로 줄 수 없음을, 즉 여러 개의 의지를 가지고 있지 않은 까닭에 친구 한 사람에게 그것들을 모두 줄 수 없음을 안타까워한다."[42)]

여기서도 요는 '의지'의 문제이다. 앞서 살펴 본 것처럼 몽테뉴는 진정한 우정에서 친구들 사이의 '의지의 융합'을 본다. 본래적으로 이것이 의미하는 바는 의지의 단일성이어서, 여럿의 친구가 동시에 존재한다는 것은 애초에 불가한 것이다. 몽테뉴에 따르면 의지의 분할은 "보

42) « *Car cette parfaicte amitié, dequoy je parle, est indivisible: chacun se donne si entier à son amy, qu'il ne luy reste rien à departir ailleurs; au rebours, il est marry qu'il ne soit double, triple, ou quadruple, et qu'il n'ait plusieurs ames et plusieurs volontez pour les conferer toutes à ce subjet.* » (I.28.191)

통의 우정들 *Les amitiez communes*"에서는 나누어질 수 있다. 어떤 사람은 사냥하고 너그러워서, 어떤 사람은 자애롭고 형제와 같아서, 이런 이유 저런 이유로 상대를 사랑하지만 "그러나 영혼을 소유하고 절대적으로 지배하는 완전한 우정은 둘로 분리될 수 없다."[43] 그러니까 몽테뉴의 생각은, 친구가 둘이라면 그들의 의지가 나누어지게 될 경우가 생겼을 때 어느 쪽의 의지를 따라야할지 문제가 될 수밖에 없는 것이다. 이러한 우정관은 『에세』의 다른 곳에서도 확인된다. 몽테뉴는 3권 3장 「세 가지 교제에 대하여 *De Trois Commerces*」에서 이러한 "한 쌍"의 우정에 대해 다음과 같이 이야기 한다.

> "일반적인 우정의 경우 나는 약간 무뚝뚝하고 냉담하다. 내 우정의 걸음걸이는 우정의 돛을 완전히 올린 상태가 아니면 부자연스럽기 때문이다. 운명은 나의 젊은 시절부터 유일하고 완전한 우정을 향하도록 훈련시켜왔으며 나에게 그러한 우정의 맛을 가르쳐 주되 그 밖의 우정에 대해서는 혐오를 느끼게 했으며, 옛사람의 말처럼 우정이란 무리를 이루도록 만들어진 동물이 아니라 한 쌍을 이루도록 만들어진 동물이라는 것을 내 영혼 속 깊이 새겨 넣었다."[44]

그런데 몽테뉴 자신도 지적하고 있지만, 인용된 예는 자신의 '완전한 우정'을 설명하기 에는 그다지 좋은 예는 아니다. 아마도 몽테뉴는 자신의 우정 모델에 맞는 예를 과거의 고전에서도 찾지 못한 것으로

---

43) « *mais cette amitié qui possede l'ame et la regente en toute souveraineté, il est impossible qu'elle soit double.* » (I.28.191)

44) « *Aux amitiez communes je suis aucunement stérile et froid, car mon aller n'est pas naturel s'il n'est à pleine voile: outre ce que ma fortune, m'ayant duit et affriandé des jeunesse à une amitié seule et parfaicte, m'a à la verité aucunement desgouté des autres et trop imprimé en la fantasie qu'elle est beste de compaignie, non pas de troupe, comme disoit cet antien.* » (III.3.820-821)

보인다. 왜냐하면, 이 예는 오히려 완전한 의지의 융합이라는 참된 우정의 모습을 친구의 수와는 상관없이 보여주고 있기 때문이다. 상속 아닌 상속을 받은–사실상 상속이 아닌, 남은 자들의 책무로 작용하기에 – 두 친구들은 고인의 의지가 담긴 유언장을 집행함으로써 친구의 의지를 따랐기 때문이다. 여기서 중요한 것은 하나가 된 의지이지 친구의 수는 아닌 것으로 보이지만, 몽테뉴에게는 둘 이상이 만든 관계는 그것이 완전한 의지의 결합이라도 수용할 수가 없는 것이다. 아래의 발췌문은 이러한 배타적 성격의 우정에 대한 몽테뉴의 생각을 엿볼 수 있는 구절이다.

> "이런 우정을 이루는 데에는 많은 일치가 요구되며, 이런 행운은 3세기 동안에 한 번 이루어질까말까 한 희귀한 우정이었다."[45)]

사실 이 구절에는 자신의 우정을 옛 선인들의 우정의 반열에 놓으면서 보다 고양된 차원에 자리매김하려는 몽테뉴의 의도가 없지 않다. 이는 고전을 통해 들어 본 여러 우정의 모델들이 마치 몽테뉴와 라 보에시의 완전한 우정을 위해 앞서 존재한 경험들인 거처럼 보이려는 인상을 갖게 한다. 이 구절을 읽다보면, 길어야 백년이라는 인생을 살아가는 인간에게 자신의 이상적인 우정의 상대를 만난다는 것은 근본적으로 불가능한 일이란 것을 깨닫는다. 그런데 몽테뉴와 라 보에시의 우정은 그 시간적 의미는 모호하지만, 삼백년 만에 한번 이 세상에 나올 수 있을까할 정도로 매우 희귀한 인간관계로 묘사된다. 몽테뉴는 삼백년이라는 특정한 시간이 갖는 의미에 대해서는 아무런 이야기를 해주지 않는다. 그렇다고 삼백년 전에 두 사람의 우정에 비견할만

---

45) « *Il faut tant de rencontres à la bastir, que c'est beaucoup si la fortune y arrive une fois en trois siecles.* » (I.28.184)

한 또 다른 우정이 존재했다는 것인지에 대해서도 아무런 언급이 없다. 그러나 적어도 우리가 이야기 할 수 있는 것은 이 시간성이 한 인간의 주어진 삶을 넘어선다는 것과 이 우정을 누리는 두 사람은 유한한 인간의 삶 속에서 선택되었다는 것이다. 보통의 우정들이 갖는 복수성과 다회성에 대립하여 몽테뉴와 라 보에시의 우정은 단일성 내지 유일성(unicité) 혹은 일회성의 의미를 갖는다(서종석, 2012).

이상의 논의에 의지해서 본다면, 몽테뉴에게는 '그 사람 이여야만 한다.'는 배타성이 무엇보다도 우선순위에 있는 것으로 보인다. 라 보에시와 함께라면 영혼이 하나가 되는, 의지의 결합도 가능하다고 말할 수 있기 때문이다. 따라서 배타성의 문제는 대체 가능성의 문제와 긴밀히 연결된다. 완전한 우정은 곧 완벽한 배타성 그 자체이기에 라 보에시를 대신할 존재도 애초부터 불가능한 것처럼 보인다. 이 예외적인 우정을 만나는 행운이 우리에게 찾아왔더라도 주어진 상대를 대신하거나 대체할 수 있는 가능성은 아예 존재하지 않는다. 이러한 완전한 배타성 속에서는, 설령 동일한 조건의, 고매한 덕목을 갖춘 상대가 나타날지라도 몽테뉴에게 있어 라 보에시의 자리는 그 누구도 대신할 여지가 전혀 없는 것이다. 몽테뉴의 고백처럼, 그저 그가 그였고, 내가 나였다는 이유 외에는 어떠한 이유도 있을 수가 없다. 따라서 몽테뉴의 우정 모델은 '사랑'과 매우 닮았다고 할 수 있다. 우정이나 사랑이나 다양한 인간관계들 중의 하나이고, 이론적으로는 이 관계 속에서 둘 이상의 사람들과 동시에 관계를 맺을 수가 있다. 그러나 '낭만적' 사랑의 경우는 원형적으로는 배타적 성격이 매우 강한 특성을 보인다. 두 사람 이상의 관계가 원칙적으로 배제된다는 것이다. 특히 사랑이 결혼이 연계될 때, 즉 사랑의 결과로서 결혼을 받아들일 경우엔 더욱 그러하다. 몽테뉴의 우정은 이상적인 사랑과 결혼의 모델 속 두 연인 간의 관계를 연상시킨다(서종석, 2012 참조). 이러한 "비환원적 개체성(irréductible individualité)"(Bidart, 1991: 21)은 이상적으로는 단 한번만 만나 평생을 지속해야만 하는 사랑과 결혼의 이상적인 모델 속에서 그러하듯이 일부일처제의 개념을 연상시킨다. 사랑 같은 이 우정은 사랑만큼 은밀하고 내밀하다. 그것은 오직 둘만이 만들어 내는 관계이기 때문이다. 이제 이 '낭만적 우정'이 함의하고 있는 바를 좀 더 살펴보도록 하자. 이 논의는 본질적으로 '융합적 우정'에 관한 것으로 이를 통해 라 보에 시에 대한 이상화뿐만 아니라 이 우정 자체를 이상적인 모델로 만들어 가는 몽테뉴의 고백을 듣는 것이다.

3.5. 융합적 우정과 사랑

"시내의 어느 큰 축제에서 처음으로 우연히 만나게 되었을 때, 서로에게 완전히 마음이 빼앗겼으며 몹시 가까워졌다. 그 후 우리 둘 사이보다 더 친밀한 것은 아무 것도 없게 되었다." 앞서 인용한 이 구별을 통해, 우리는 몽테뉴와 라 보에시가 처음 만났을 때의 모습에서 마치 두 사랑하는 연인이 만나는 장면을 떠올린다고 하였다. 몽테뉴의 우정을 살펴보는 일은 그것이 사랑이라는 감정과 어떻게 구분이 되며 또 어떻게 닮아있는가에 대한 문제이기도 하다. 그만큼 몽테뉴가 묘사한 두 사람의 우정 속에서 낭만적 속성의 성격을 정의하는 일은 쉽지가 않다. 몽테뉴가 묘사한 바의 우정의 개념은 이성의 영역이 아닌, 인간의 의지와 통제에서 벗어나는 감정의 영역에 위치한다. 몽테뉴에게 우정은 감정의 하나이며 이 감정은 이성의 힘을 빌려 스스로 통제할 수도 설명할 수도 없는 대상으로 묘사된다. 아래에서는 서종석(2012~2013)에서 논의한 바를 중심으로 이러한 몽테뉴의 우정 개념이 담고 있는 의미와 특징을 개진하도록 한다.

1) 감정과 인간관계

우정과 사랑은 일상적으로 매우 빈번하게 사용하는 용어들이지만, 개념적으로 이들을 특징짓고 규정하는 일은 매우 어렵다. 이들은 모두 인간의 삶과 관련된 추상적인 실체들이다. 특히 사랑이란 개념을 정의하기는 까다롭다. 사랑이란 추상적인 개념은 다양한 인간관계나 혹은 사물과의 관계 속에서, 가족 간의 사랑, 부부 간의 사랑, 연인들 간의 사랑, 친구들 간의 사랑, 종교적인 (신에 대한) 사랑, 물건이나 동물에 대한 사랑 등 여러 유형의 모습으로 구체화될 때 비로소 포착된다. 그런데 우정이라는 용어의 경우 일상에서 빈번하게 사용되지는 않는 것 같다. 아마도 용어 자체보다는 우정을 지칭하는 다른 대용어들이 사용된다고 할 수 있을 것이다. 또 사랑이 우정보다 더 폭넓은 개념이기도 하다. 즉 '친구에 대한 사랑' 혹은 '친구들 간의 사랑'이 '우정'의 또 다른 표현이라면 사랑은 우정의 개념까지도 포함한다고 할 수 있다.

우리의 논의 속에서 두 개념은 '감정'이라는 범주를 중심으로 서로 연관을 갖는다. 은유 현상을 연구하는 인지언어학의 주요 연구들은 사랑과 우정이 감정과 관련하여 서로 다른 개념적 속성들로 규정된다는 사실을 보여준다. 사랑은 인간의 기본 감정으로서 기쁨, 슬픔, 두려움 등 다른 기본 감정들과 함께 감정 연구의 중심을 이룬다. 사랑이 연구의 주제로 매력적인 이유는 그것이 인간 삶의 중심에 놓여 있을 뿐만 아니라 일상적으로 – 아마도 빈번하게 – 체험되는 감정이기 때문이다. 또한 사랑은 무엇보다 감정이자 관계로서 기능하고, 다양한 성분들로 구성된 복합적인 개념이라는 점이 학술적 관심을 불러일으킨다고 하겠다. 커베체쉬(Kövecses, 2000: 27)에 따르면, 사랑은 감정일 뿐만 아니라 관계라는 점에서 가장 은유화된 감정 개념으로 간주되며, 또한 인간관계를 전형적으로 특징짓는 은유의 원천적인 영역의 성격을 띤다고 한다. 통속 모델 속에서 볼 때 인간관계는 개념적으로 감정과 인접한 영역에 위치하며, 인간관계가 감정에 기초한다면 감정은 인간관계를 형성하는 토대로 간주된다. 예를 들어 이 감정이 사랑이라면 결혼이라는 인간관계는 사랑에 기초해서 형성되는 것이다. 이런 사고방식에는 소위 '건물 은유'가 들어가 있다. 감정이 토대라면 인간관계는 건물의 상위 구조에 해당하며, 따라서 사랑이란 어떤 유형의 인간관계를 만들어낼 수 있는 감정이다(Kövecses, ibid, :112-113).

이에 비해 우정은 사랑처럼 인간관계에 속하지만 감정 영역에서 부여받는 지위는 지엽적이다. 따라서 언어학 혹은 인지언어학의 감정 연구에서 상대적으로 낮은 관심을 받고 있는 개념이라고 할 수 있다. 우리의 관심사는 우정이 감정과 관련하여 사랑과 어떤 관계가 있는지에 대한 문제이다. 우정과 사랑 사이에 어떤 개념적 관련성이 있을 것이라고 추정할 수 있는데, 이는 아마도 대부분의 언어공동체에서 '남자 친구' 혹은 '여자 친구' 등의 어휘들이 존재하고 사용되고 있다는 사실을 보면 수긍이 간다. 이러한 어휘가 존재한다는 사실은 우정이라는 개념이 일반적으로 '성적(性的)인' 관계가 배제된 것이라고 단순화하여 생각하는 것이 잘못되었다는 것을 말해준다. 한국어도 마찬가지이지만 프랑스어 '*mon petit ami*'나 '*mon copain*', 영어의 '*girlfriend*'나 '*boyfriend*' 등은 맥락에 따라서 성적인 관계를 함의할 수 있다. 커베체쉬에 따르면, 이상적인 사랑의 관계 속에서 두 연인 사이에도 어떤 우정 같은 것이 존재한다(Kövecses, 1986: 76, 1990: 230, 2002: 109). 그러니까 두 사람이 연인이라면 이들은 또한 친구들인 것이다. 그러나 조심해야 하는 점은 친구가 반드시 연인은 아니듯이 이 관계는 가역적이지는 않다는 것이다.[46] 이때 우정은 낭만적 사랑 속에 내재하는 하나의 성분이며, 이러한 내재성분들이 개념적 환유(conceptual metonymy)로서 기능하게 된다.

그렇다면 궁금해지는 것은 우정이 사랑의 개념 목록에 들어가는 하위개념인가 하는 것이다. 또한 감정의 주요 은유들이 우정의 개념 속에서도 작동하는지, 그렇지 못하다면 이것이 언어의 개별성 문제인지, 보편화할 수 있는 자질인지 하는 점이다. 물론 여기에 명확한 답을 내놓은 연구는 없다. 그런데 사랑도 우정도 불변의 고정된 개념 틀이 아니라, 흘러가는 인간의 삶 속에서 생물처럼 변화할 가능성은 늘 존재한다. 피터 스턴스(Peter Stearns)에 따르면 빅토리아 여왕 시대의 언어 자료들을 관찰해 보면, '낭만적 사랑'이라는 개념이 현재의 사랑 개념보다도 강도 면에서 훨씬 더 강렬했던 것으로 보인다(Stearns, 1994, Kövecses, 2000, 2005: 178-179에서 재인용). 또한 현재 우리의 문화 모델과 언어적 습성과는 달리 남자들의 우정개념 속에도 낭만적 사랑의 자질로 분류되는 요소가 포함되었다고 한다. 예를 들어 '열정적인 연인들(fervent lovers)', '깊고 불타는 애정(deep and burning affection)' 등과 같은 표현들이 우정과 관련한 당시의 편지와 잡지들 속에서 관찰되고 있다. 따라서 어휘 의미론적인 관점에서 볼 때, 그리고 더 나아가 은유의 인지언어학적 관점에서 볼 때, 우정도 언제나 감정 범주의 주변에만 위치한 건 아니었다고 할 수 있다. 결국 은유적 개념화는 한 문화권에서 공시적으로나 통시적으로 획일적이지 않으며, 감정에 대한 개념적 은유는 주어진 문화 속에서 시간의 축을 따라 변

46) 커베체쉬는 이 어휘들이 완곡어법적으로 사용될 수 있는 이유는 바로 두 개념 간에 개념적 연계가 존재한다는 사실에서 찾아야 할 것이라고 주장하고, 이를 논증하기 위해 개념적 환유를 이용한다. 감정 환유 속에서 감정 개념 A가 감정 개념 B로 구성되는 경우 B는 A를 표상할 수 있다는 것이다. 이는 정확히 사랑과 우정의 관계에 적용할 수 있다.

화될 수도 있는 것이다.

이러한 이론적 배경을 뒤로 하고, 이제 감정의 문제를 중심으로 몽테뉴의 우정 개념에 대한 보다 세밀한 접근을 위해 그의 텍스트로 다시 들어가 보도록 하자. 이를 통해 우리는 몽테뉴의 우정 개념이 무엇인가 하는 문제는 우선 우정이 감정인가 하는 문제와 관련이 있으며, 두 사람의 '완벽한' 우정이란 감정을 토대로 이루어진 인간관계임을 살펴볼 것이다. 아울러 낭만적 사랑을 관통하는 중심 은유, 즉 '결합 은유(Unity Metaphor)'가 이 두 사람의 우정에도 나타나는지 관찰해 볼 것이다.

2) 결합은유

평범한 독자로서 몽테뉴의 1권 28장 우정의 이야기를 읽으면서 지금까지 들어왔던 우정의 모델들과는 다른 무엇인가를 느꼈다면 그것은 이상한 일은 아니다. '전형적인' 우정에 익숙한 우리에게 몽테뉴의 우정 개념은 예기치 않은 감정처럼 낯설게 다가오기 때문이다. 이 낯섦의 본질을 이해하는 것은 바로 우리가 몽테뉴의 완전한 우정을 이해하는 길이기도 하다. 우정과 사랑은 완전한 우정에서 더 이상 이성의 언어로는 명확한 구분이 되지 않는다. 이런 유형의 우정 속에서는 두 개념이 마치 하나가 된 듯 혼합되어 있는 것처럼 느껴져, 그 개념적 토대가 무엇인지 궁금증을 불러일으킨다. 그런데 만약 완전한 우정이 낭만적 사랑처럼 감정의 인자들을 지니고 있다면, 우정의 개념 속에 나타나는 은유도 낭만적 사랑의 그것과 동일한 은유가 나타날 것으로 기대해 볼 수 있다. 따라서 우리는 낭만적 사랑의 정수를 구성하는 중심 은유가 무엇인지 살펴본 연후, 이 은유가 몽테뉴의 완전한 우정 속에서 나타나는지 관찰해 볼 것이다. 또 이 은유가 이 우정 속에서도 낭만적 사랑에서처럼 중심적인 역할을 하고 있는지 확인하려고 한다.

몽테뉴의 텍스트로 돌아가기 전에 낭만적 사랑의 중심 은유에 대해 먼저 살펴보도록 하자.

커베체쉬(1986: 61-105, 1988: 18–26, 2000: 27–29)에 따르면 낭만적 사랑의 본질을 가로지르는 개념은유는 [사랑은 두 상보적인 부분들의 결합이다. LOVE IS A UNITY (OF TWO COMPLEMENTARY PARTS)]라는 은유이다. 이 은유는 '결합은유'라고 불리는데, 낭만적 사랑을 구조화하는 중심 은유로서 서구문화에서 2천 년 동안이나 사랑의 모델로 유지되어 왔다.[47] 이 은유는 사실 일상에서 의식하지 못한 채 빈번하게 듣고 사용하는 은유이기도 하다. 결합은유는 '우리는 하나', '너는 나의 반쪽' 등과 같은 언어표현들 속에 담겨진 은유이다. 이 표현들이 은유라고 느끼지 못할 정도로 이 은유는 우리들의 생각과 생활 속에 완전히 자리를 잡았다. 위에서 언급한 것처럼 몽테뉴의 우정의 정의에서 낯선 무엇인가를 느꼈다면 바로 이러한 이유에서이다. 우리의 익숙해진 언어와 사고를 거스르는 무엇인가가 존재하기 때문이다.

이 은유의 역할은 매우 중요하다. 추상적인 사랑 개념을 그대로 포착해 낸다는 것은 어려운 일이다. 결합은유는 바로 이 추상적인 실체에 구체적이고 명시적인 구조를 부여함으로써 우리가 체험하는 사랑을 이해할 수 있게 해준다. 결합은유에서는 사랑하는 두 사람을 하나의 상보적인 단일체로 간주하는데, 이는 이 두 사람이 서로 필요한 부분을 채워주고 그 결과로 이상적인 하나의 무엇을 이룬다고 보는 것이다. 물론 결합은유는 우리의 체험에서 나온다. 즉 결합은유의 근간

47) 이 글에서 다룰 사랑과 우정에 대한 은유적인 접근 및 이론적인 배경은 커베체쉬의 연구들(Kövecses, 1986, 1988, 1990, 1995, 1999, 2000, 2002, 2005, 2006)을 따랐다.

은 일상에서 겪는 사랑 경험과 상보적인 물리·화학적인 부분들의 결합 사이의 유사성에 있다. 물리적으로 혹은 화학적으로 두 성분이 존재하기 위해 서로를 필요로 할 때, 한 성분은 다른 성분이 있어야만 완전하게 기능할 수 있다고 말할 수 있다. 달리 말하자면, 두 성분은 서로 결합하여 하나가 되었을 때 비로소 내재되어 있는 불완전함을 극복하고 완전한 단일체로 거듭나게 되는 것이다. 사랑도 마찬가지로 생각해 볼 수 있다. 사랑하는 두 사람이 완전한 하나를 이룰 때 비로소 완벽한 조화를 이루며, 서로에게 부족한 반쪽의 부분을 균등하게 채워주는 관계를 구성한다. 이러한 체험적 인식을 바탕으로 우리는 사랑이 두 부분이 만나 하나가 된 결합이며, 이 두 부분이 해체가 된다는 건 곧 두 사람 사이에서 사랑이 없어졌다는 것을 알게 되는 것이다. 이러한 관점에서 사랑을 두 상보적인 부분의 결합으로 보는 발상의 기저에는 상호성과 평등성이 자리 잡고 있다.

3) '낭만적 우정' 혹은 융합

'한눈에 반한다(*coup de foudre*)'는 것은 첫 만남에서 두 연인이 '사랑에 빠진다'는 것을 비유하는 말이다. '벼락' 혹은 '낙뢰'라는 뜻의 프랑스어 '*coup de foudre*'만큼 몽테뉴와 라 보에시의 첫 만남을 적절하게 묘사해주는 표현도 없을 것이다. 몽테뉴의 우정 개념의 특성은 보통의 다른 우정들처럼 오랜 시간 서로 만들어 갔던 관계는 아니다. 그들의 우정이 짧은 기간 지속된 것처럼 그들의 만남의 순간도 독자에게 그만큼 인상적으로 제시된다. 두 사람의 우정의 시작은 마치 강력한 자석에 이끌린 듯이 이들의 만남은 신비스럽고 운명적으로 묘사되고 있다. 그것은 우리의 의지와는 상관없이 그 시작 단계가 급작스럽고 예측할 수 없는 힘에 끌리는 모양새를 띠고 있다. 따라서 두 사람의 우정의 시작과 과정은 시간적으로 '짧다'는 공통점으로 묶을 수가 있고 이는 마치 불꽃처럼 타오르다 급작스럽게 사그라진 사랑을 연상시키기에 충분하다.

> "우리에게 남아 있는 삶의 기간이 짧은데다가 우리의 우정이 너무 늦게 시작되었으므로[...] 우리에게는 낭비할 시간이 없었으며, 오랫동안 예비적인 교제를 하면서 서로 경계를 해야 하는 세간의 미적지근한 우정의 표본을 따를 수가 없었다."[48)]

"만나기 전부터 서로를 찾고 있었다."는 두 사람은 우연한 만남을 계기로 "서로에게 완전히 마음을 빼앗겼고" 마침내 의지를 하나로 모으는 사이가 된다. 이 모습은 갑작스럽고 주체할 수 없이 급박하게 전개되는 감정의 소용돌이 속에서 상대방에게 이끌리는 낭만적 열정과 유사하다. 서로를 모른 체 상대를 향해 이끌린 이 자연발생적인 우정의 '감정'은 이미 의지로 제어될 수 있는 차원을 벗어나고 있다. 이것은 '만나기 전부터 당신을 이미 사랑하고 있었습니다.'라는 표현이 아니면 무엇인가.

몽테뉴와 라 보에시 간의 우정이 감정의 색채를 띠고 있다면 그것을 반영하는 다양한 언어적 흔적들이 곳곳에 나타날 것으로 기대할 수 있다. 예측이 불가능하고 의지가 배제되며 통제가 어려운 이 감정의 영역에서는 이성에 의해 제어되는 어떠한 행위의 의지라도 그 힘을 발휘하지 못할 것이다. 따라서 이러한 운명적 만남에서 사용된 어휘

---

48) « *Ayant si peu à durer, et ayant si tard commencé, car nous estions tous deux hommes faicts, [...] elle n'avoit point à perdre temps, et à se regler au patron des amitiez molles et regulieres, ausquelles il faut tant de precautions de longue et preallable conversation.* » (I.28.188-189)

들이 특정한 범주에 속한 것이라도 놀라운 일은 아니다. 즉 '나는 그를 사랑했다. je l'aymois', '이러한 결합(cette union)', '애정(affection)', '서로를 포옹하다(nous) nous embrassions', '완전히 사로잡혀(si prins)', '너무 친밀해져(si obligez)', '너무 가까워져(si proche)' 등 우리에겐 무엇보다 낭만적 감정이나 애정의 표현에 익숙한 것들이 주를 이룬다. 이렇게 이성의 어휘장에 대립되는 감정의 어휘장을 통해 몽테뉴는 독자인 우리에게 감성적인 호소를 하며 독특한 효과를 만들어 낸다. 이들이 처음 만나는 부분부터 사귀어 가는 과정을 보면 마치 한 편의 사랑의 이야기라 해도 무방할 정도이다.

불같은 사랑은 화학반응과 같다. 두 사람의 만남도 이와 똑같다. 이들의 삶은 우정으로 결속된 후 걷잡을 수 없는 화학적 반응처럼 통제할 수 없는 힘에 끌려간다. 완전한 우정에서는 "그 경계선[바느질 자국]이 사라져 눈에 보이지 않을 정도로 우리의 영혼이 서로 완전히 혼합되고 하나로 융합되어 있다." 또한 "그것은 모든 것을 혼합시킨 혼합물의 정수로서", "우리의 것은 아무 것도, 그의 것과 나의 것을 아무 것도 남겨놓지 않았다." 여기서 연금술과 관련된 '정수 *quinte essence*'[49]라는 어휘를 비롯하여 '혼합 *melange*', '섞이다 *se meslent,* '뒤섞다 *confondent*' 등의 어휘들은 모두 화학적 반응 같은 두 영혼의 결합을 표현해주고 있다. 일단 화학적 반응이 시작되면 더 이상 멈출 수가 없고 이전의 상태로 되돌아 갈 수 없게 된다. 개체가 지닌 고유한 성분들은 뒤섞이고 혼합되어 '너의 것'도 '나의 것'도 없이 하나가 된다. 상호성을 담은 대명동사들 – 즉 '*se meslent*', '*se plonger*', '*se perdre*' 등–은 두 영혼이 액체처럼 '섞이고' '혼합되는' 화학적 이미지를 만들어내면서 우정의 주체들이 숙명처럼 결합되는 모습을 강화시

49) 현대 프랑스어로 '*quintessence*', 연금술과 관련하여 '현자(賢者)의 수은'이라는 뜻도 있다.

키고 있다.

“이 거룩한 결합 *cette saincte couture*”, “이 신성한 결연 *cette divine liaison*”, “영혼들을 이어준 재봉질[바느질] 자국 *la couture qui les a jointes*” 혹은 “그토록 보편적인 결합 *un melange si universel*”(I.28.188) 등으로 대표되는 결합은유는 「우정에 대하여」 장의 시작부터 마지막까지 관통하는 우정의 핵심적인 은유이다. 둘이 하나가 된다는 것은 존재론적 변화를 함의한다. 사랑의 예를 들자면, 두 연인은 보다 큰 개체의 상보적인 부분들로서 공생한다. 이 두 부분은 각기 불완전한 존재로, 완전하게 만들어주는 상대를 찾기 전까지는 정상적으로 기능할 수 없다. 따라서 사랑에 빠진 존재는 논리적으로 이 불완전한 부분을 채워줄 자신의 반 쪽, 즉 진실한 사랑을 찾는 것이다. 이러한 의미에서 결합은유는 상호 의존적인, 사랑하는 연인들의 완벽한 하모니, 이 둘의 이상적인 결합 상태를 내포한다. 이러한 발상의 아래에는 단 하나의 진실한 사랑만이 존재한다는 의미가 놓여 있다. 그리고 불완전하고 불확정적인 두 존재가 결합할 때 이들의 삶은 이전과는 완전히 다른, 새로운 것으로 변화가 된다는 의미도 담고 있다.

결합은유가 진실한 사랑이란 자신을 완전하게 해줄 최고의 대상과 결합하는 것이라는 점을 보여주는 것이라면, 이는 몽테뉴와 라 보에시의 완전한 우정에서도 마찬가지이다. 두 사람의 우정은 존재론적 변화에 이은 일체화 과정으로 묘사된다. 완전한 우정의 근원에는 하나의 완전한 실체를 이루기 위해서는 마치 부절(符節)을 맞춘 듯이 필요한 두 부분이 결속해야 한다는 운명이 존재한다. 우정을 이루는 두 구성원은 자신의 고유한 개체성을 상실하고 온전히 하나로 결합됨으로써 근본적인 변화를 겪는다. 혼자서는 불완전하고 불충분한 기능을 수행하던 두 존재가 숙명적인 만남과 완전한 결합을 통해서 ‘우리

nous'라는 하나의 단위로 다시 태어나게 되는 것이다. 앞서 살펴보았던 '의지의 결합'이란 바로 이것을 의미하는 것이다. 그러니까 완전한 우정이라 바로 존재론적 변화 그 자체를 의미한다.

결합은유는 상호성과 평등성을 기반으로 한다. 앞서 인용했던 "*Par ce que c'estoit luy; par ce que c'estoit moy.*"에서 보듯이, 몽테뉴가 자신의 융합적 우정을 언어로 표상하는 방식 중의 하나는 대구법이라는 수사적 장치를 활용하는 것이다. 여기에는 의미와 형태의 수사적 장치를 활용하여 원하는 효과를 만들어 냄으로써 언어의 한계를 넘어서려는 의도가 엿보인다. 대구법은 구성 요소들의 중요성을 동등하게 표현함으로써, 균형과 대등한 개념을 문장의 구조에 반영하는 수사적 기법이다. 이 장치를 통해서 몽테뉴와 라 보에시의 우정에 감춰진 관계의 상호성과 평등성이 구조적으로나 형태적으로 드러나게 하는 효과를 얻게 된다. 다시 말해서 상호성과 평등성이라는 개념의 차원이 통사적 구조의 동일성과 대구라는 수사적 방식으로 표상되는 것이다. 여기에 '*ma volonté*', '*sa volonté*', '*la sienne*', '*la mienne*' 등에서 보듯이 상호성의 대칭적 배열이 합세하여, 소유형용사와 대명사의 조응을 바탕으로 마치 서로 대화를 나누는 듯한 밀도 있는 감정의 호응을 끌어내고 두 사람의 결속까지 구현해주고 있다. 이는 서로의 자리를 바꿀 수는 있지만, 그 누구도 둘 중의 하나를 대신할 수는 없다는 의미를 함의한다. 물론 여기에는 '*l'un en l'autre*', '*l'un de l'autre*', '*que l'un à l'autre*', '*ou sien, ou mien*' 등, 이와 비견할 일련의 표현들도 함께 사용되어 동일한 효과를 내는데 기여한다고 할 수 있다.

이러한 의미에서 아래의 인용문은 의미하는 바가 매우 크다. "*Par ce que c'estoit luy; par ce que c'estoit moy.*"의 경우처럼 가필의 행위를 통해서 대구의 형식을 완성한 것인데, 여기서도 그의 의식이 변화하는 모습을 읽어볼 수 있기 때문이다. 진한 이탤릭체로 바꿔 놓은 부분은 몽테뉴의 가필 부분이다. 앞에서 인용했던 [이미지 1]의 우측 윗부분 중간을 보면 확인해 볼 수 있다.

« c'est je ne sçay quelle quinte essence de tout ce meslange, qui, ayant saisi toute ma volonté, l'amena se plonger et se perdre dans la sienne; ***qui, ayant saisi toute sa volonté, l'amena se plonger et se perdre en la mienne***, [...]. » (I.28.189)

이 가필을 통해서, 마치 데칼코마니처럼 좌우 대칭을 이루어 완전한 하나를 이루는 이미지, 둘이 같을 수는 없으나 하나가 되는 이상적인 모습, 혼자서는 기능하지 못하지만 함께하면 완전해지는 이미지가 '도상적으로' 전달된다. 일인칭과 삼인칭이 표상하는 개체의 정체성과 고유성은 '우리' 속에서 용해되지만, 오히려 배타적이고 단일적인 느낌을 강화하면서 우정의 연금술로 새롭게 태어난다. 이는 각자의 고유한 자아를 상실하면서 완전한 평등과 소통 속에서 하나가 된, 그 자체로 충족된 두 영혼의 결합을 의미한다. 두 연인이 결합하여 하나가 되면서 완전한 사랑을 이루어 내듯이, 몽테뉴의 우정도 떨어질 수 없는 결속으로 개념화되면서 완전한 우정을 만들어 낸다.

이렇듯 완전한 우정이 사랑처럼 '낭만적인' 감정으로 채색되어 있지만, 그럼에도 불구하고 몽테뉴에게 있어 사랑과 우정은 근본적으로 다른 것이다. 앞서 우리는 몽테뉴와 라 보에시와 사이의 동성애적 애정관계에 대한 문제를 다뤘었는데, 몽테뉴에게는 사랑과 우정이라는 "이 두 열정 *ces deux passions*"(I.28.186)은 확연히 구분해야만 하는 감정들이며, 그것은 두 감정이 근본적으로 질적인 차이를 보여주기 때문이다.

> "우리들의 완전한 우정이 지속되는 동안에도 사랑이라는 일시적인 애정이 나의 내부에 자리 잡고 있었던 적이 있었다. 그[= 라보에시]에 대해 말할 것도 없이, 그 역시 시(詩)를 통해 이러한 감정을 너무도 분명하게 고백했다. 그리하여 우정과 애정이라는 두 감정을 서로 인정하면서 내부에 머물러 있었던 것이다. 이 두 감정은 결코 비교의 대상이 될 수는 없었다. 전자(=우정)는 항상 높이 날개를 펼치고 당당하게 저 아래쪽에서 후자(=사랑)이 길을 가는 것을 경시의 눈초리로 내려다보며 자기의 길을 가고 있다."[50]

그러니까 몽테뉴에게 사랑과 우정은 모두 '열정'들이다. 그렇지만 우정은 '저 위에서' 사랑이 '저 아래' 제 길을 가는 모습을 "거만하게 desdaigneusement" 바라볼 정도로, 두 감정은 그 성격상 비교 대상이 되지 못한다. 사랑과 우정 모두 경험으로 알고 있다고 자신하는 몽테뉴에게 이 두 감정을 혼동하는 것은 유감스러운 일임에 틀림이 없다.

> "이성 간의 이 열정은 우정의 영역, 즉 의지의 일치 상태에 도달하게 되면 곧 약해지고 식어버린다. 다시 말해 욕망이 달성되면 그 열정은 사라지는 것이다. 이 열정

---

50) « *Sous cette parfaicte amitié ces affections volages ont autrefois trouvé place chez moy, affin que je ne parle de luy, qui n'en confesse que trop par ses vers. Ainsi ces deux passions sont entrées chez moy en connoissance l'une de l'autre; mais en comparaison jamais: la premiere [=l'amitié] maintenant sa route d'un vol hautain et superbe, et regardant desdaigneusement cette cy [=l'amour] passer ses pointes bien loing au dessoubs d'elle.* » (I.28.186)

의 목적은 육체적인 것이며 육욕의 포만이기 때문이다. 이와는 반대로 우정은 갈망하면 갈망할수록 그만큼 더 즐거운 것이 되며, 원하는 한 언제까지나 누릴 수 있다. 다시 말해 우정은 정신적인 것이며 영혼은 정신을 사용함으로써 정화되므로 우정은 오직 그것을 누림으로써 성장하고 풍부해지기 때문이다."[51]

결합은유로 다시 돌아가 보자. 몽테뉴가 이렇듯 우정과 사랑을 구분하고 있지만, 정작 텍스트를 통해 그가 얘기해주는 것은 우리의 눈과 마음에는 여전히 '사랑'이다. 결합은유에서 사랑의 대상, 즉 연인들은 상대가 없으면 완전한 결합 상태에 이를 수 없는 꼭 필요한 물건, 즉 필수품으로 개념화된다. 달리 말하면 진실한 사랑은 개념적으로 저마다 자신에게 꼭 들어맞는 대체불가능한 단 하나의 반쪽이 존재한다는 것을 함의한다. "자기가 이중으로 된다는 것은 하나의 큰 기적이다." 몽테뉴가 전해주는 완전한 우정은 단순히 두 존재가 무한히 서로에게 다가가는 것이 아니다. '봉합된 자국'이 지워져 없어질 정도로, 두 영혼이 섞이고 하나가 되는 것이다. 이러한 의미에서 몽테뉴에게 있어 라 보에시는 곧 "나다. *c'est moy*"(I.28.191).

그런데 결합은유에서는, 만약 사랑의 긍정적 결과가 상보적인 두 부분의 결합이라면 이 두 부분의 해체는 곧 사랑이 없어졌다는 결과를 보여주는 것이다. 몽테뉴와 라 보에시의 우정에 있어서도 큰 변화가 있다면 그것은 라 보에시의 죽음으로 인한 것이었다. 이는 또한 온전하고 완전한 하나에서, 되찾은 '반쪽'을 다시 상실했다는 것을 의미하

---

51) « *Aussi tost qu'il entre aux termes de l'amitié, c'est à dire en la convenance des volontez, il s'esvanouist et s'alanguist. La jouyssance le perd, comme ayant la fin corporelle et sujecte à sacieté. L'amitié, au rebours, est jouye à mesure qu'elle est désirée, ne s'esleve, se nourrit, ny ne prend accroissance qu'en la jouyssance comme estant spirituelle, et l'ame s'affinant par l'usage.* » (I.28.186)

는 것이자 곧 나의 죽음을 목격하는 것이기도 하다. 친구의 죽음으로 몽테뉴는 더 이상 온전한 형태의 자아가 아니라 자아의 상실, '분할된(*divisé)*' 자아로서 남게 된다. 친구의 죽음이 만든 고통은 살아생전 그가 주었던 기쁨보다 더한 것처럼 느껴진다. 몽테뉴는 이 상실된 자아에 대한 깊은 슬픔을 이렇게 토로한다.

> "내가 그를 잃은 그날 이후, 나는 줄곧 지루한 삶을 질질 끌며 살았을 뿐이며, 내 앞에 나타나는 쾌락들조차도 나를 위안해 주기는커녕 그를 잃은 슬픔을 배가시킬 뿐이다."[52]

운명은 우정의 이름으로 서로 나누어졌던 반쪽들을 하나로 회복시켜주었지만, 또한 죽음을 통해 다시 그 반쪽을 거두어 가버렸다. 이때의 변화는 두 영혼이 만나기 이전 상태로 돌아가는 것이 아니라 이미 존재론적 변화를 겪어 '하나'가 된 상태에서 만들어진 것이기에 그 성격은 완전히 다른 것이다. 반과거로 표현된 시제가 우리에게 암시하는 것은 현재의 '나' 몽테뉴는 이전에는 온전하고 완전한 하나였으나 지금은 그렇지 않다는 것이다.[53]

---

52) « *Depuis le jour que je le perdy, [...] je ne fay que trainer languissant; et les plaisirs mesmes qui s'offrent à moy, au lieu de me consoler, me redoublent le regret de sa perte.* » (I.28.193)

53) 카펜터(Carpenter, 1984: 34)는 « Par ce que c'estoit luy; par ce que c'estoit moy. »에서 사용된 반과거 형태에 주목한다. 그에 따르면, 반과거는 여기서 그전의 온전함(plénitude)이 현재에는 무너졌다는 것과, 두 사람의 나누어질 수 없는(indivisibles) 모습도 이제는 분할(divisés)되어 버렸다는 사실을 의미한다. 카펜터는 이러한 '분할'을 라캉(Lacan)의 거울단계(stade du miroir)와 유사한 것으로 간주한다.

"우리들은 각기 전체의 반쪽이었다. 그래서 나는 내가 그의 몫을 빼앗은 것 같은 생각이 든다."[54]

우리는 여기서 '반쪽'이라는 표현과 더불어 다시 결합은유와 만나게 된다. 반쪽은 이미 상보적인 온전한 결합 '너와 나는 하나'를 전제하는 것이기 때문이다. 이 은유는 이어지는 몽테뉴의 고통스런 고백 속에서 또 다시 반복되며 충만했던 '하나'의 기억을 강화해 준다.

"나는 모든 것에 대해 그의 또 다른 두 존재로 사는데 익숙해 있었으므로 지금의 나는 반쪽 밖에 존재하지 않은 것처럼 생각된다."[55]

'반쪽'으로 표현된 결합은유를 통해, 없으면 제대로 기능하지 못하는 나머지 남은 반쪽의 모습은 더욱 두드러지고, 이로 인해 살아남은 자의 고통까지 느껴지게 한다. 이렇게 반복되는 '반쪽'의 결합 은유는 앞서 언급했던 다른 결합은유의 표현들과 함께, 두 사람이 나눴던 우정의 성격과 강도를 독자에게 전해주는데 기여해준다.

결합은유와 더불어 우정과 사랑을 감정의 문제와 결부시킬 때 염두에 둘 사안은 '힘(force) 은유'가 완전한 우정에도 나타나는지 분석하는 일이다. 감정 은유들이 대개 [감정은 힘이다. EMOTION IS FORCE.]라는 주 은유를 중심으로 구축되는 체계들이다. 따라서 감정으로서의 사랑도 '힘' 관련 은유들을 공유한다(Kövecses, 2000,

54) « *Nous estions à moitié de tout; il me semble que je luy desrobe sa part.* » (I.28.193)

55) « *J'estois desjà si fait et accoustumé à estre deuxiesme par tout, qu'il me semble n'estre plus qu'à demy.* » (I.28.193)

pp.112-113).[56] 몽테뉴의 완전한 우정에 이 은유가 관찰된다면 그것은 이 우정이 사랑처럼 감정의 토대 위에 구축된 인간관계라는 점을 말해주는 것일 뿐만 아니라, 사랑과 개념적으로 상통한다는 것을 의미한다. 일반적인 우정이 감정의 범주에 주변적인 지위로나마 참여할 수 있는 것은 우정이 지닌 '친밀감'과 '애정'이라는 감정 범주의 요소들 덕분이다. 그러나 일반적인 우정에는 사랑에서 관찰되는 [감정은 힘이다] 은유가 거의 포착되지 않는다(cf. Kövecses, 2000: chap.6). 이 은유의 핵심은 낭만적 사랑의 모델에 나타나는 감정적 자아와 이성적 자아라는 두 자아를 서로 대립하는 존재들로 파악하는 것이다(cf. Kövecses, 2000: chap.5). 감정적 자아는 상황을 통제하려는 수동적인 이성적 자아를 압도하려는 적극적인 힘이다. 그러나 전형적인 경우 이성적 자아의 패배로 끝나는 게 되며, 이것이 바로 낭만적 사랑이다. 몽테뉴와 라 보에시의 우정에 있어서도 하나를 다른 하나로 이끄는 힘의 이미지, 저항하지만 결국은 굴복할 수밖에 없는 힘의 역학을 발견할 수 있다. "하늘의 섭리에 의해서" 두 사람이 만나게 되었다는 몽테뉴의 믿음은 두 사람의 의지와는 상관없이 외부의 힘, 신성한 힘에 의해 운명적인 결합이 예정된 것으로 묘사된다. 일반적으로 이상적인 사랑의 모델에 나타나는 연인들은 사랑을 '겪는' 수동적인 대상들로 간주된다. 이와 마찬가지로 완전한 우정은 이성적인 이해를 구할 수 있는 것이 아니며 "설명할 수 없는 운명적인 힘"에서 기인한다. 따라서 진정한 친구와 완전한 우정을 얻는다는 것은 이 외부의 힘의 존재를 전제하는 것이며, 이 힘은 설사 우리가 거부하려 하여도 저항할 수 없는 힘인 것이다. 이렇듯 몽테뉴와 라 보에시의 우정의 개념에서 우리가 발견할 수 있는 은유는 사랑의 중심은유인 결합은유와 함께, 일반

56) '힘은유'는 Leonard Talmy (1988)의 힘의 역학(force dynamics)이론을 토대로 한다.

적인 우정에서는 잘 나타나지 않는 감정의 주 은유인 힘은유이다. 이것은 몽테뉴의 완전한 우정이 감정의 토대를 둔 낭만적 관계의 특징을 지니고 있음을 의미한다.

4) 이상적인 사랑과 이상적인 우정, 전형적인 사랑과 전형적인 우정

결합은유에 대한 마무리로 살펴보고자 하는 문제는 우정과 사랑의 이상적인 모델에 대한 것이다. 몽테뉴의 우정의 정의에서 '완전한 우정'이라 불리는 '이상적인(idéal)' 우정과 일반 사람들이 나누는 '전형적인(typique)' 우정들 사이의 구분은 흥미롭게도 사랑의 이상적인 모델과 전형적인 모델 간의 구분과 닮아 있다. 커베체쉬(2002, 223, 2005, 179)에 따르면, 현재 서구의 문화와 사회에서 가장 광범위하게 퍼져 있는 사랑의 모델 속에는 두 유형의 은유가 관찰된다. 즉 이 은유들은 바로 [사랑은 결합이다]와 [사랑은 경제적 교환이다 LOVE IS AN ECONOMIC EXCHANGE]라는 것들이다. 이 은유들은 사랑과 관련된 두 유형의 주된 문화적 모델을 구성하는데 중심적 역할을 수행한다. 이 중 하나가 '이상적 사랑(ideal love)'이며 다른 하나는 '전형적 사랑(typical love)'이다. 이상적인 사랑이 주로 결합은유를 그 특징으로 한다면, 전형적인 사랑은 [경제적 교환] 은유를 특징으로 한다. 커베체쉬(ibid.)에 따르면, 사랑에 대한 이상적인 모델은 전통적인 생각을 보다 더 반영하고, 전형적인 모델은 사랑에 대한 현대 사람들의 생각을 보여준다. 이는 다시 말하면 사랑이라는 감정과 관련하여 적어도 두 유형의 원형적 모형이 있다는 말도 된다.

앞서 살펴 본 것처럼 몽테뉴 역시 대략 이 두 유형의 우정을 구분하고 있다고 할 수 있다. 몽테뉴의 눈으로 볼 때, 일반 사람들이 나누는 전형적인 우정들의 경우는 "우정과는 다른 원인·목적·성과를 내포하고 있는" 등 이익을 추구하며, 완전한 우정과는 달리, "이런 다른 우정

들에서는 자신을 단속하면서 경계심을 가지고 조심스럽게 나가지 않으면 안 된다."[57]. 사람들의 전형적인 우정들은 "일반적인 쾌락이나 이익, 공적(公的), 사적(私的) 필요성에 의해 이루어지고 다져진 우정들"이다. 완전한 우정이라는 이상적인 우정에서는 사람들의 보통의 우정들에서와는 달리 "봉사나 친절"에 감사를 느낄 필요도 없다. 완전한 우정에서는 의지의 일치가 이루어지기 때문에 나와 너라는 구분자체가 없으며, 따라서 아무런 대가도 바라지 않는 정도가 아니라 그 바람 자체도 무의미한 것이다.

그렇다면 우정과 사랑의 이상적인 모델의 감정의 토대를 이루는 결합은유는 어디서 시작된 것일까? 결합은유의 기원은 고대로 거슬러 올라간다. 커베체쉬에 따르면 이 은유는 플라톤 시대부터 현재에 이르기까지 줄곧 대중적이었다(Kövecses, 1988: 18, 23, 2000: 26-29, cf. Kövecses, 2000 chap.2). 사랑을 두 상보적인 부분의 결합으로 간주하는 모델은 최소한 플라톤의 『향연』에서 출발하는 것으로 본다. 잘 알려진 것처럼, 『향연』에서 아리스토파네스는 제우스가 인간의 오만함(hubris)을 처벌하기 위해 본래 한 몸이었던 남녀를 쪼개어 둘로 나누게 되었다는 게 잘 알려진 사랑의 기원이다. 그러므로 사랑이란 결핍된 부분을 다시 찾아 결합하고자 하는 상호적인 욕망인 것이다. 이러한 서구의 개념적 발상에서는 낭만적 사랑이라는 감정은 필요의 한 유형으로 간주된다. 전체를 구성하는 두 개의 반쪽의 이미지는 그 둘 중에 한 쪽이 없으면 반드시 불완전할 수밖에 없으며, 또 정상적으로 기능할 수 없다는 기능장애의 개념을 함의하고 있기 때문이다.

몽테뉴의 경우는 앞서 소개한 것처럼 아리스토텔레스의 우정의 정의를 인용하며 이를 자신과 라 보에시의 완전한 우정의 논거이자 토

57) « *Il faut marcher en ces autres amitiez la bride à la main, avec prudence et precaution* » (I.28.190)

대로 활용하는 모습이 관찰된다. 그러나 고전에 대한 방대한 지식과 선인들에 대한 존경을 한없이 지녔던 그였지만, 고전이 주는 옛 선인들의 우정의 모델을 넘어서기를 원했던 것처럼 보인다. 아리스토텔레스, 키케로 혹은 세네카의 우정을 인용할 수는 있어도, 단지 자신의 우정을 설명하기 위해 참조할 뿐이다. 왜냐하면 그들의 어떤 말도 자신의 우정을 완전히 설명해줄 수 없기 때문이다.

> "심지어 이 문제에 대해 옛사람이 남겨 준 가르침조차도 내가 지닌 감정에 비하면 빈약하기 짝이 없는 것으로 생각된다. 이 점에 있어서는 실제가 철학의 가르침도 능가하기 때문이다."[58)]

결국 이 우정은 자유 의지에 의해 만들어진 결과물로서 자연발생적이며 비교불가능하다는 생각이 근간을 이루고 있다. 몽테뉴 스스로 자신의 우정을 비교 가능한 다른 모델이 없이 "오직 그 자체와만 비교될 수 있을 뿐이다."고 한 것도 바로 이러한 의미에서 이다. 앞서 우리가 이 세상에는 '우정인 것'과 '우정이 아닌 것'이 대립하는 것처럼 보이게 하는 무엇인가가 몽테뉴의 우정관에 있다고 한 것은 바로 이러한 의미에서 이다.

서구의 문화적 모델에서 이렇듯 결합은유로 만나는 이상적인 두 유형의 관계와 감정은 기원을 달리 추정할 수는 있지만, 보다 심층적인 정신적 차원에서는 서로 친연적인 부분이 존재하는 것처럼 보인다. 아직까지는 가정이지만, 우정과 사랑은 그 이상적인 인지 모형 속에서 어

58) « *Car les discours mesmes que l'antiquité nous a laissé sur ce subject, me semblent laches au pris du sentiment que j'en ay. Et, en ce poinct, les effects surpassent les preceptes mesmes de la philosophie.* » (I.28.192)

쩌면 동일한 개념 토대에서 출발하고 있는지도 모르겠다는 생각이다.

지금까지 우리는 '완전한 우정'이라 불리는 몽테뉴와 라 보에시의 우정의 모습을 간략하게 살펴보았다. 몽테뉴가 가꾼 우정의 숲을 거닐다 보면 다채로운 '문학적 향기'를 곳곳에서 맡을 수가 있다. 『에세』에서 만나는 두 사람의 우정은 사실에 근거한 이성적 글쓰기 보다는 개념적 은유를 토대로 한 감성적 글쓰기에 의지하고 있는 것처럼 보인다. 몽테뉴가 자신의 우정을 가꾸는 방식은 삶 속에서 체험한 사실적 요소들을 이미 오랜 시간 속에서 만들어진 이야기들과의 접촉 속에서 확장하고 정교화하는 것이다. 따라서 몽테뉴의 우정 이야기를 읽으면서 다른 텍스트의 우정의 모델들이 떠오르는 건 자연스러운 일이다. 여기에는 다른 고증된 요소들과 더불어 '자화상'을 더욱 더 윤색해 주고 문학적으로 만들어 주는 아리스토텔레스의 우정 모델만이 있는 것은 아니다. 이상적인 우정에 개입하는 신성한 존재와 힘, 숙명적인 삶과 여정, 영혼의 완전한 결합과 융합 등, 우정의 묘사는 서정적인 수사와 낭만적인 문체를 통해 더욱 강화되고 있는데, 이러한 우정관은 무엇보다 성 아우구스티누스(Saint Augustin)의 『고백록 *Confessions*』을 강하게 연상시키는 것은 어쩔 수 없다. 물론 친구와의 우정과 죽음, 종교적인 요소의 개입은 맥락과 구체적인 각개에서는 차이가 있을지 모르겠지만, 몽테뉴가 아우구스티누스의 독자였는지의 문제로까지 나아간다.[59]

사실 몽테뉴는 자신의 글쓰기가 상호텍스트적인 종합이라는 예상 가능한 비판과 지적에 미리 민감한 반응을 드러낸다. "나는 내 것만

59) 그러나 『에세』에서는 『고백록』의 흔적은 발견되지 않는다. 단지 우리가 만나는 것은 『신국 *Cité de Dieu*』 뿐이다. 몽테뉴가 『고백록』 읽었는지 안 읽었는지는 사실상 확인할 수 없는 문제이다. 몽테뉴의 연구자들에 따라 의견도 갈린다. 자세한 점은 Mathieu-Castellani(2000, Chap.VII) 참조.

을 사용한다. *je n'use que du mien.*"(II.6.376). 몽테뉴는 2권 10장 「책에 대하여」에서 자신의 『에세』가 단지 남의 것을 나열하거나 인용하는 것이 아님을 강조하고 있다.

> "내가 이 직업의 대가들이 흔히 다루는 많은 사물들에 대해 말하는 경우가 있다는 것을 안다. 여기에 쓰는 것은 내가 순수하게 타고난 소질을 가지고 하는 시도이지, 결코 남에게서 빌려 온 재료를 가지고 하는 것은 아니다."[60]

몽테뉴는 다른 텍스트에 대한 관심이 많다는 점을 부인하지는 않는다. 그러나 그것은 어디까지나 자신의 정체성에 대한 탐구, 자신에 대한 성찰을 위한 것일 뿐이라고 말한다.

> "벌써 여러 해 전부터 내 사색의 목표는 나 자신밖에 없었고, 나는 나 자신만을 살펴보고 연구한다. 그리고 내가 다른 일을 연구한다면, 그것은 바로 자신에 적응해 보기, 또는 적절히 말하자면, 내 자신 속에 적응하기 위해서 하는 일이다. 자기 자신에 대한 묘사만큼 어려운 묘사도 없으며, 그만큼 유용한 일도 없다."[61]

---

60) « *Je ne fay point de doute qu'il ne m'advienne souvent de parler de choses qui sont mieus traictées chez les maistres du mestier, et plus veritablement. C'est icy purement l'essay de mes facultez naturelles, et nullement des acquises.* » (II.10.407)

61) « *Il y a plusieurs années que je n'ay que moy pour visée à mes pensées, que je ne contrerolle et estudie que moy; et, si j'estudie autre chose, c'est pour soudain le coucher sur moy, ou en moy, pour mieux dire. Et ne me semble point faillir, si, comme il se faict des autres sciences, sans comparaison moins utiles, je fay part de ce que j'ay apprins en cette-cy: quoy que je ne me contente guere du progrez que j'y ai faict. Il n'est description pareille en difficulté à la description de soy-mesmes, ny certes en utilité.* » (II.6.378)

여기서 함께 살펴보아야 할 문제는 무엇보다 몽테뉴의 가필과 수정 작업이라는 계속된 글쓰기는 개인적 경험과 역사성을 현재의 시각에서 재구성하는 실천적 의미를 갖고 있다는 점이다. 『에세』는 몽테뉴가 자아를 찾는 과정이자 여정이며, 우리는 그의 텍스트를 통해 이러한 의식의 통로를 엿볼 수 있는 기회를 갖게 된다. 어떻게 보면 두 사람이 체험한 '완전한 우정'은 사실상 오랜 시간을 두고 다듬고 만들어진 『에세』를 통해 완성이 되었고 몽테뉴에게 우정의 완성이란 결국 그의 삶의 목적이 되었다고 말할 수 있을 것이다. 이는 라 보에시와의 '지적인 복종'을 벗어나 궁극적으로는 동등함과 상호성을 회복하고 '완전한 우정'을 이루기 위한 부단한 노력이었다고 말할 수 있다. 몽테뉴가 우리에게 들려주는 우정의 이야기가 문학적 허구인가 아니면 진실에 기반을 둔 경험의 과장인지는 궁극적으로 독자들의 판단이다. 왜냐하면 우리에게 보다 중요한 것은 그 너머에 있기 때문이다. 그 어느 것이 되었던 우리는 몽테뉴의 우정에 대한 이야기를 통해서 그것이 담고 있는 정신의 의미를 되살펴보게 된다.

그러나 이 말이 담고 있는 자기 성찰은 단순히 몽테뉴라는 개인으로만 환원시켜 축소할 사안이 아니다. 간단없이 움직이고 변화하는 세상 속에 놓인 '나'의 진정한 모습을 그리고자 하는 욕망, 그것은 자신의 속에 있는 한 인간을 통해 인간 전반으로 나아가려는 의지인 것이다. 이러한 의미에서 두 개체의 우정을 보다 넓은 차원으로 나아가 사회와 공동체, 그리고 인간 전반으로 시야를 넓혀서 바라볼 수 있는 것이다. 따라서 몽테뉴의 자화상을 바라보는 일은 바로 우리들의 모습을 보는 것이며, 이때 몽테뉴의 자화상은 우리를 비추어 주는 거울로서 기능한다고 할 수 있다. '완전한 우정'은 몽테뉴의 정신이다. 우리는 완전한 우정의 개념이 몽테뉴의 타자에 대한 시선을 근본적으로 함의하고 있다고 믿는다. 이것은 『에세』에서만 드러나는 고립적인 정신이 아니라 『자발적 복종론』에 담겨져 있는 라 보에시의 정신과도 맥이 닿아 있다고 기대된다. 두 작가의 두 저작물에 나타나는 '의지의 융합'을 '우정'의 눈을 통해 바라보는 일은 이러한 의미에서 우리에게는 중요한 일이다.

IV

자발적 복종

4

자발적 복종

"우정이라는 공동의 의무는 우리 삶의 상당 부분을 차지한다.
이것은 우리의 본성이다." (『자발적 복종론』 p.26)
« *Notre nature est ainsi,*
que les communs devoirs de l'amitié emportent
une bonne partie du cours de notre vie. » (Discours, 26)

『자발적 복종론』은 폭군, 혹은 군주의 예속과 압제에 고통 받는 인민(peuple)들을 계몽하고, 그로부터 해방을 부르짖는 정치적 이상과 성찰을 담고 있다. 종교적 대립과 전쟁으로 점철된 16세기 후반에서 이러한 정치적인 이상은 특정한 정치세력에 이용되기도 하였고 목적에 따라 다양한 판본으로 변형되어 나타나기도 하였다. 지금까지 그에 대한 연구는 「라 보에시가 누구인가?」 혹은 「라 보에시가 누구였는가?」라는 문제의식을 중심으로 이루어진 것이라기보다는, 「몽테뉴에게 있어 라 보에시는 누구였는가?」라는 질문에 대한 답변이 우선이었다고 할 수 있다(예를 들어 Zalloua, 2005: 74). 그러나 최근의 연구 특히 «*Cahiers La Boétie*» 등을 비롯한 일련의 연구들(참고문헌 참조)은 『자발적 복종론』을 중심으로 문학, 정치학, 철학, 인류학 등이 어우러져 하나의 연구주제로 수렴되는 새로운 학제적 흐름을 볼 수가 있다.

이 장에서는 라 보에시의 『자발적 복종론』에 나타난 '자발적 복종'의 개념을 중심으로 우정 개념의 역할과 몽테뉴의 완전한 우정과의 친연성을 살펴본다. 이와 관련하여 자발적 복종을 가능하게 하는 '습관(coutume [habitude])'의 문제와 더불어, 라 보에시의 정치적 우정의 정수로 생각되는 '공동체적 자아(soi)'의 개념 등도 함께 다룰 것이다.[1) 『자발적 복종론』의 내용은 다양한 주제들로 구분이 가능하기 때문에 이 개념들을 중심으로 연계된 텍스트의 의미망들을 일차적으로 분석하려 한다. 특히 습관이라는 개념은 라 보에시에게 있어 인간의 자유를 지켜낼 수 있는 발전의 도구이자 동시에 타파해야 할 대상으로 간주되고 있어 중립가치적인 성격을 지니고 있다. 따라서 텍스트를 처음부터 끝까지 시종일관 아우르는 습관이라는 개념의 특성을 통해, 군주와 신하, 인민과 엘리트들을 중심으로 얽혀져 있는 다양한 의미들을 일차적으로 관찰해 보고 그 본질을 검토한다. 이는 다양한 공동체 혹은 군상들의 형태들로 '자발적 복종' 개념의 주변으로 배치되어 있는 지배자와 피지배자들의 계층들을 더욱 명시적으로 파악하기 위함이다. 이를 통해 그 계층들을 구성하는 특성과 성격들을 기술하고, 라 보에시가 주장하는 자발적 복종의 제 일 원인으로서의 습관과, 이를 타파하기 위한 개인과 공동체의 정치적 우정을 통한 자아인식의 문제를 명시적으로 드러내고자 한다. 이 과정에서 우리는 라 보에시의 정치적 우정이 수행하는 역할과 성격을 자연스럽게 살펴볼 것이며, 궁극적으로 이것이 몽테뉴의 완전한 우정과 어떻게 결부되는지

1) 이 공동체적 자아 개념은 정치적 공동체와 유토피아에 관한 아벤수르의 최근 저서(Abensour, 2014)에서 영감을 얻었음을 밝힌다. 라 보에시의 정치적 이상을 잘 드러낸 표현인 '모두 하나들'(Tous Uns)을 토대로, '제도적' 정치철학과 '비평적' 정치철학을 대립시키고 있는 저자는 자유에 대한 욕망과 유토피아에 대한 욕망 간의 접점을 통해 라 보에시의 가설을 새롭게 조명해 보이고 있다.

논하도록 한다.

4.1. 우정, '신성한' 것 혹은 '성스러운' 것

아마도 라 보에시가 『자발적 복종론』을 쓰게 된 동기는 도입부 부분에 나타나는 다음과 같은 인용문에 잘 드러난다. 이 인용문은 '자발적 복종'에 대한 근본적인 문제의식을 독자에게 호소하고 있다.

> "내가 알고 싶어 하는 것은 이것이다. 어찌하여 그 많은 사람들이, 그 많은 마을과 도시들이, 그 많은 국가와 민족들이 단 한명의 폭군에 참고 견디는 일이 일어날 수 있는 것인지.[...]"[2)]

<왜 '하나(Un)'에 대해 그 '많은(tant)' 사람들이 복종하는가?>에 대한 답은 사실상 '복종 servitude'과 '자발적 volontaire'이라는 의미적으로 상충하는 두 표현의 이질적이고도 교묘한 결합에 숨어 있다. 단 한명에 불과한 폭군 혹은 군주에 맞서 싸우지 못한 채 수많은 사람들이 자유를 박탈당하고 고통과 억압을 받고 있다면 그것은 '자발적으로 복종하기' 때문이라는 것이다.

> "헤아릴 수 없을 정도의 수많은 사람들이 복종이라기보다는 노예처럼 굴종하고, 통치받기 보다는 폭정을 견디고 있다."[3)]

---

2) « *Pour ce coup je ne voudrais sinon entendre comme il se peut faire que tant d'hommes, tant de bourgs, tant de villes, tant de nations endurent quelquefois un tyran seul*, [...] » (Discours, 26)

3) « *voir un nombre infini de personnes, non pas obéir, mais servir; non pas être gouvernés, mais tyrannisés*, [...] » (Discours, 27)

여기서 라 보에시는 동사들의 의미를 대칭시켜 자발적 복종의 개념을 규정한다. 그것은 '복종하는 것(obéi)r'과 '굴종하는 것(servir)'을 대립시키고, '통치받는 것(gouvernés)'과 '폭정에 견디는 것(tyrannisés)'을 구분하는 것이다. 자발적 복종은 그러니까 스스로 자신들의 의지로 억압을 받아들이고, 저항을 할 수 있으면서도 저항을 하지 않으며 노예처럼 예속을 감내하는 행위와 관련된다.

> "그대들을 군림하는 자들 역시 그저 두 개의 눈과 두 개의 팔, 하나의 몸뚱이만을 가지고 있을 뿐이다."[4]

"그대들을" 지배하는 자는 대단한 존재가 아니다. 한마디로 우리와 육체적으로 동일한 조건을 가진 보잘 것 없는 단 한명의 폭군일 뿐이다. 이 나약한 존재에 '복종'을 한다면 그것이 자발적이기 때문에 가능한 것이다. 이 폭군의 팔과 눈과 몸이 되어, 그가 힘을 갖고 권력을 휘두를 수 있게 해준 것은 다른 누구도 아닌 바로 "그대들"이기 때문이다.

1) 자발적 복종과 습관

그렇다면 이러한 자발적인 복종은 인간의 본성에서 그 원인을 찾아야 하는 것인가? 라 보에시가 주장하는 인간의 본성에 대한 발상은 현재를 살아가는 우리에게도 매우 놀랍도록 심오하기 짝이 없다. 자유는 "천부의 권리 *son droit naturel*" (Discours, 29)이다. 인간이라면 누구나 태어나면서부터 자유롭고 평등하며, 자연이 우리에게 허락한 이 자유를 그 무엇으로부터 간섭받지 않을 권리가 있다. 따라

4) « *Celui qui vous maîtrise tant n'a que deux yeux, n'a que deux mains, n'a qu'un corps*, [...] » (Discours, 30)

서 "좋은 어머니 *cette bonne mere*"(Discours, 31) 인 자연이 우리에게 베풀어준 권리로 노예와 예속의 굴레에 얽혀 살아갈 이유는 전혀 없는 것이다. "자연이 우리에 준 권리들로 사는 것 *nous vivions avec les droits que la nature nous a donnés*" (Discours, 31)은 인간의 도리이다. 따라서 잃어버린 자유를 되찾는 것은 매우 소중한 일이며, "짐승에서 다시 인간으로 되는 것 *de bête revenir homme*"(Discours, 29)이다.

라 보에시는 자발적 복종을 가능하게 하고 지속시키는 인자로서 '습관'을 들고 있다.

> "자발적 복종의 첫 번째 이유는 바로 습관이다."[5)]

습관은 '자발적 복종'과 '자유'라는 개념, 그리고 개인과 공동체를 이해하는데 중요한 요소이다. 습관은 그 자체로 시간의 개념을 지니며, 개인이 속한 공동체의 역사를 함의하고 개인으로서는 자신의 삶 이전에 주어지는 것이므로 거부할 수 없는 제도의 성격을 지니고 있다. 그런데 습관은 라 보에시에게 있어 단일한 의미를 가진 것으로 파악되지 않는 것처럼 보인다. 사람들이 자발적으로 복종하는 첫 번째 이유는 태어나면서부터 노예로 이 세상에 나와서는 노예의 신분으로 길러지기 때문이다. 라 보에시는 이러한 과정을 야생의 거친 말이 순응되어 가는 과정으로 비유하고, 깨어 있는 소수를 제외한 대부분의 인간들이 그렇게 천부적으로 타고난 본성을 억눌린 채 길들여져 간다고 주장한다. 여기서 교육이라는 장치는 군주에게 있어 이 습관을

---

5) « *la première raison de la servitude volontaire, c'est la coutume.* » (Discours, 38)

내재화시킬 수 있는 매우 효과적인 수단들 중의 하나로 간주된다. 교육은 사람들을 우둔하게 만드는 놀이나 유희, 재화와 및 권력에 대한 욕망 혹은 망각 등과 함께, 인간의 본성을 억압하는 수단으로 활용되고 사람들의 자발적 복종을 가능하게 하고 지속시킨다. 흥미로운 점은 라 보에시가 이 모든 원인의 책임으로서, 그 누구도 아닌 우리라는 '복수'의 안에서 찾고 있다는 것이다. 스피노자(Spinoza)에게 있어, 노예에 대한 예속은 무엇보다 외부의 원인, 즉 주인의 의지에서 오는 것이다(Abensour, 2014: 103이하). 이는 지배에 대한 고전 논리에 지배자와 피지배자의 지배/예속 관계의 형성에 적극성(activité)과 수동성(passivité)의 논리가 함의되어 있음을 말해주는 것이다. 그러나 라 보에시의 자발적 복종 개념은 피지배자의 노예상태가 자기 스스로의 의지와 움직임으로 이루어지는 것이므로 그 원인을 더 이상 외부에서가 아닌 내부에서 찾아야 한다는 것이다.

그런데 여기서 보다 주목해야 할 점은 습관의 기능이 라 보에시에 있어서 이중적인 모습으로 그려진다는 것이다. 라 보에시에 따르면, 인간의 본성은 태어나면서부터 완성된 것이 아니며 "우리의 영혼 속에 어떤 자연스런 씨앗 *en notre âme quelque naturelle semance*" (Discours, 31)"으로 존재하는 '이성(raison)'을 부모의 도움과 교육을 통해 발육시키고 부족한 부분을 채워야 한다. 여기서 훌륭한 습관은 결정적인 역할을 해주고 이성이 제대로 그 힘을 발휘해주도록 한다. 따라서 라 보에시는 '좋은 습관'과 '나쁜 습관'을 구분하면서 습관을 두 유형으로 구분하고 있는 것이다.

역설적인 것은 라 보에시의 습관 개념은 개인과 공동체를 통합해주는 인자라는 것이다. 각 개인은 예속과 복종의 피지배자들로서 공동의 생활양식과 행동 양식을 공유하게 된다. 따라서 습관은 지배자에게는 효율적인 복종의 도구로, 피지배자에게는 동일한 정서적 성향과 유사한 반응양식을 갖게 한다. 이러한 점에서 습관은 이중적인 특성을 지닌다. 라 보에시는 이처럼 습관이 그 자체로 가치중립적이라는 점을 잘 의식하고 있었다. 따라서 보다 자세히 살펴보아야 하겠지만, 『자발적 복종론』에서 습관이란 우리를 피지배자로 만들 수도, 지배자로부터 우리를 구원할 수도 있는 인자처럼 기능할 수도 있는 것처럼 보인다.

그런데 인간 모두가 이 이성의 씨앗을 만개할 수 있는 여건을 지닌 것이 아니며, 게다가 자연은 우리 모두에게 천부적으로 동일한 재능을 부여하지 않으므로 인간들 사이에는 능력의 차이가 나게 마련이다. 이것은 자연에 속한 일이다. 그렇지만 이러한 능력의 차이가 어느 한 쪽이 다른 한 쪽을 지배하고 군림할 수 있는 조건을 만들어내지는 않는다. 라 보에시에 따르면, 자연이 준 평등 속에서 우리 모두는 "형제 *frère*"이다. 즉 우리를 하나로 결속 시키는 "형제애 *la affection fraternelle*" (Discours, 31)를 통해 강한 자가 힘없고 약한 자에게 도움을 주도록 되어 있는 것이다. 지배와 복종을 원하는 건 자연이 에 속한 것이 아니다. 이러한 의미에서 라 보에시는 자유가 천부적인 것이라면 그것을 수호할 힘도 자연이 준다고 강조한다.

> "그러므로 자유는 자연스러운 것이다. 그리고 내 생각엔 바로 이러한 이유에서 우리는 단지 자유뿐만 아니라 이를 지켜내고자 하는 열성도 함께 가지고 태어났다."[6)]

---

6) « *Reste doncques la liberté être nturelle, et par même moyen à mon avis que nous ne sommes pas nés seulement en possession de notre franchise, mais aussi avec affection de la défendre.* » (Discours, 31)

이 같은 열성 혹은 의지는 개인적인 차원에서 머무르지 않고 '우리'라는 공동체의 틀 안에서 실현될 때 그 역동적인 동력을 행동으로 옮길 수가 있는 것이다. 그러나 우리는 '우리'라는 공동체의 이름으로 자행된 폭력과 희생을 잘 알고 있다. '우리'라는 폐집합으로 묶이는 순간 그 공동체의 구성원들은 자신들의 의지와는 상관없이 공동체의 이익을 위해 주어진 숙명을 감내해야 한다. 그렇다면 '우리'가 지닌 통제적이고 획일적인 폭력은 어떻게 해결해야 하는가? 라 보에시는 이에 대한 대답을 나름대로 제시한다. 그런데 우리의 눈에는 이 대답 속에 여러 가지 폐해를 극복할 수 있을 이상적인 공동체 개념이 존재하는 것처럼 보인다. 이는 이제부터 살펴볼 내용이기도 하다.

2) 개인과 공동체: <공동체적 자아>를 향하여

2.1) 두 공동체: <모두 하나(Tous Un)> vs. <모두 하나들(Tous uns)>

『자발적 복종론』의 시작은 아래와 같은 율리시스(Ulysses)의 유명한 문장의 인용으로 시작됨을 상기하자.

"한 사람만이 왕이 되어야 한다."[7)]

도입부의 이 구절은 라 보에시의 자발적 복종 개념을 이해하는데 있어 매우 중요하다. 전능한 신에게 구원을 청하는 마지막 문단까지, 텍스트의 전체에 걸쳐 '하나'와 '모두', '단수'와 '복수'의 개념을 끌어내는 토대와 좌표가 되기 때문이다. 위의 발췌문에서처럼, 『자발적 복종

7) « [...] *qu'un seul soit le Roi.* » (Discours, 26)

론』을 특징짓는 어휘들 중의 하나는 명백히 형용사 “*seul* (혼자인, 하나의)”이다. 텍스트 속에서 반복적으로 출현하는 이 단어는 ‘군주’나 ‘폭군’을 의미하는 것으로–예를 들어, “*un tyran seul*”, “*le nom seul d’un*”, “*puis qu’il est seul*”, “*un seul hommeau*” 등 – 동시에 이에 대척되는 또 다른 실체의 존재를 예고하는 것이다. 공동체는 단순한 개인들의 집합이 아니다. 이들은 동일한 조건, 즉 습관이라는 또 다른 자연의 형태로 묶여져 있는 집단이다. 습관의 공유는 개체들 모두 신과 자연이 부여한 본래의 참 모습에서 일탈하고 유리된 것을 보여주지만, 또한 자유를 회복하기 위한 해결책을 그 자체로 지니고 있다.

라 보에시는 우리에게 <하나 Un>에 대항하기 위해 <모두 하나로 결합 tous unis>하기 보다는 <모두 하나들 tous uns>이 되기를 요청한다.

> “자연은 우리를 모두 하나로 결합하기 보다는 모두 하나들이 되기를 원했다.”[8]

아벤수르(Abensour, ibid.: 108~109)에 따르면, 라 보에시가 기묘한 철자법을 통해 만들어 낸 이 새로운 용어는 레비나스(Emmanuel Levinas)의 “*les moi’s*”에서 관찰할 수 있는 것처럼, ‘복수(pluralité)’의 철학적 사고를 이미 오래전부터 제안하고 있다. 이 개념적 발상 속에서 ‘모두(tous)’에 속한 ‘하나들’ uns’은 ‘관계’와 ‘분리’의 개념을 필연적으로 함의하게 된다. ‘따로’이면서도 ‘같이’이며, ‘같이’이면서도 ‘따로’인 것이다. 우리의 자기성(ipséité)은 이 ‘모두’ 속 머물면서도 동시에 ‘하나들’로서 남아있을 수가 있는 것이다. ‘모두 하나들’이 담고

---

8) « *elle ne voulait pas tant nous faire tous unis que tous uns.* » (Discours, 31~32)

있는 복수성의 와해와 해체는 곧 자유의 상실을 의미하며, 수평적이며, 평등하고 열린 원형에서 수직적이고 계층적이며 폐쇄된 피라미드 구조로의 전환을 의미한다. 달리 말하자면 이는 라 보에시의 사상 속에서 두 유형의 공동체가 존재함을 의미한다. 첫 번째 유형은 '모두 하나 Tous Un'를 중심으로 결합되어 '국가'라는 조직 속에서 '하나'에 예속당하고 그의 몸과 팔이 되어 사는 공동체이며, 두 번째 유형은 '모두 하나들 Tous Uns'이 서로의 차이와 불평등을 인식하고 형제로서 이를 극복하기 위하여 소통하고 자신의 것을 나누어 평등하게 되는, 그러니까 자연이 준 상태로 돌아가는 것이다.

2.2) 정치적 우정

라 보에시가 '모두 하나들'의 공동체를 제안한 것은 바로 우리들이 지니고 있는 취약성을 잘 알고 있었기 때문이다. 사실 공동체적 발상은 오히려 비난의 대상인 군주의 독재주의나 전체주의의 횡포로 탈바꿈할 수 있는 가능성을 그 자체로 언제든 내포한다. 이는 또 다른 '군주들'을 양산해 낼 수 있는 위험성을 근본적으로 보여주는 것이다. 라 보에시는 세 유형의 군주를 우리에게 소개해준다. 첫째는 무력에 의해서 권력을 잡은 자, 둘째는 상속을 통해 자연스럽게 나라를 통치하는 자, 그리고 세 번째는 인민에 의해 선출된 자다. 군주들이 자신들의 권력을 취하는 방식은 다르지만 세 번째 인민에 의해 선출된 자 초차도 압제의 군주로 탈바꿈하게 될 수 있으므로 통치하는 방식은 모두 같다. 이는 인간 본성이 언제나 변질될 가능성이 많다는 것을 의미한다. 라 보에시는 인간의 자유에 대한 욕망은 본질적으로 취약하며, 이 취약성은 '모두 하나들'이 지닌 복수성의 취약성과 유리될 수 없다고 보고 있다.

이러한 자유를 회복하기 위해 라 보에시가 내 놓은 해결책은 바로 '우정'이다. "좋은 어머니"인 자연은 이를 위해 우리들이 서로 소통할 수 있도록 언어를 주었으며 그 덕분에 우리는 서로 소통하며 공동의 운명체로서 하나가 될 것을 희망한다.[9)]

> "자연은 신의 집행자이자 인간의 관리자로서, 우리 모두를 같은 모양으로, 말하자면 동일한 판형에 따라 창조하고, 서로 동료로 혹은 더 나아가 형제로 서로 인식하도록 하였다."[10)]

이 인용문은 명시적으로 우정이라는 개념을 도입하기 위하여 라 보에시가 개진하고 있는 내용이다. 자발적 복종을 타파하기 위한 수단으로서, 라 보에시가 우정이란 개념에 부여하고 있는 그 무게는 상당하다. '자유'를 "성스러운 이름 *saint nom*" (Discours, 40)이라 부르는 라 보에시는 우정에도 이 "성스러운 *sainte*" 지위뿐만 아니라 "신성한 *sacré*" 이름도 부여한다.

---

9) 라 보에시가 '언어'라는 소통의 도구에 부여한 의미가 무엇인지 궁금하다. 라 보에시 자신은 이에 대해 명확한 언급을 하고 있지 않다. 일반적으로 말해서, 독재자가 가장 심혈을 기울이는 것은 바로 언어 혹은 '말'을 점령하는 것이다. 이는 과거이건 현재인건, 혹은 우리가 맞이할 미래의 사회에서건 마찬가지이다. 언어는 곧 권력이고 힘이기 때문이다. 언어가 단순히 의사소통의 기능을 담당하는 것이라고 보는 것은 순진한 생각이다. 그것은 늘 '복수'들의 저항과 분노를 담고 있으며, 그것이 많은 사회적 맥락들 속에서 구체적인 언술로 표현될 때 비로소 그 존재의 가치를 되찾는 것이다. 라 보에시는 여기서 명확히 언급하고 있지 않지만, 아마도 "그대들"에게 말을 되찾아 올 것을 요구하는 것처럼 느껴진다.

10) « *la nature, la ministre de Dieu, la gouvernante des hommes, nous a tous faits de même forme, et comme il semble, à même moule, afin de nous entreconnaître tous pour compagnons ou pltôt pour frères.* » (Discours, 31)

"우정은 신성한 이름이며, 성스러운 것이다."[11]

우정은 무엇보다 폭군의 본질을 관통하여 그 본연의 성질을 드러내준다.

"폭군은 그 누구에게도 사랑받지 못하며, 그 누구도 사랑하지 않는다."[12]

성스럽고 신성한 우정은 서로를 인정해주며 존중하는 "덕이 있는 사람들 사이에서만 *entre gens de bien*" (Discours, 51) 배태될 수 있는 것이다. 따라서 잔인함과 배신, 그리고 부정이 들끓는 인간관계에서 우정이 설 자리는 전혀 없다. 폭군이 사람들의 '친구'가 될 수 없는 이유는 간단하다. 그것은 자신의 본질 속에 그 이유를 스스로 지니고 있기 때문이다. 그는 지배자로서 법을 만들지만 의무를 지지 않으며 자신이 원하는 대로 행동하며 군림한다. 폭군에게 있어 우정이 근본적으로 불가능하다면 그것은 평등을 요하는 것이기 때문이다. 지배자인 폭군이 피지배자들과 동등한 관계를 유지하며 친구가 될 수는 없는 것이다.

라 보에시에게 있어 습관이 폭군에 대한 인민의 자발적 복종을 가능하게 하는 핵심적 근원이라면, 우정은 이를 치유하고 회복시킬 수 있는 본질적 인자들 중의 하나로 간주된다. 관성으로 습관화된 이들의 정신은 본래적으로 자신들이 자유로운 존재라는 것을 잊고 산다. 그들은 이미 자신들을 타자화하고 믿지 못하는 대상으로 만들어 버렸다. 인민들이 본래의 모습을 되찾도록 도와줄 수 있는 것이 바로 우정이다. 라 보에시는 우정을 사람들이 서로 신뢰를 회복할 수 있는 수

11) « *l'amitié, c'est un nom sacré, c'est une chose sainte.* » (Discours, 51)
12) « *le tyran n'est jamais aimé, ni n'aime.* » (Discours, 51)

단, 상호연대를 가능하게 해주는 장치로 그리고 있다. 이 우정의 개념이 전제하고 있는 공동체는 사실상 '나'와 '타자'의 차이 (혹은 불평등)를 인정하면서도 그 차이를 수용하고 채워주는 '복수(pluriel)들'의 장소로서 기능한다. 라 보에시에게 있어, 형제애로서 우정이 중요한 이유는 무한한 자유가 자칫 야기할 수 있는 탐욕을 막고, 사랑이 없는 평등이 만들어 내는 비인간성을 무력화할 수 있는 장치이기 때문이다.

2.3) 공동체적 자아

그런데 라 보에시의 사상에는 자유의 또 다른 표현인 개인의 고유성이 공동체라는 공간 속에서 획일적으로 변화를 겪는 폭력의 양상은 보이지 않는다. 바로 이러한 것을 가능하게 하는 것이 우리가 볼 때, 바로 '공동체적 자아'라고 부를 수 있는 것이다. 우리가 제안하는 공동체적 자아의 개념은 인간이 개별성의 조건과 경계를 넘어 자연이 부여한 존재로서, 공동체 구성원으로서 갖는 특유성을 말한다. 이는 개인은 공동체를, 공동체는 개인을 포함하는 상호적 인정 속에서 언어적으로 형상화한 정치적 이데올로기의 이상라고 할 수 있다. 따라서 라 보에시가 자발적 복종을 극복하기 위한 수사(修辭)에는 개인의 삶의 지평을 그 개인이 속한 공동체와 연결하려는 공동체적 자아의 열망이 읽혀진다.

물론 개인의 자유가 상징하고 지키려는 것과 공동체가 추구하는 이익 간에는 분명히 충돌하는 모순이 존재한다. 그러나 라 보에시에게 우정은 사회적 계층과는 상관없이 평등한 관계를 회복시킬 수 있는 힘을 지니고 있다. 자연 스스로 만들어 낸, 능력의 천부적 불평등을 우정이라는 또 다른 자연의 선물이 이를 보상하고 메꾸어 줄 수 있는 것이다. 따라서 줄 수 있는 능력이 있는 자는 도움을 주고 이 도움이 필요한 자는 아무런 제약 없이 받으면 된다. 우리는 형제이기 때문이다. "모두 하나"는 공동체의 구성원인 개인과 개인이 연속체로서 서로 끈처럼 이어져 있음을 보인다. 이는 라 보에시에게 있어 공동체의 이상이 언어의 소통을 바탕으로 서로의 것을 채워주는 '대화적 자아(*moi dialogique*)'와 "상호 존중 *une mutuelle estime*" (Discours, 51)에 토대를 두고 있다는 우리의 논지에 힘을 실어준다.

이러한 발상 속에서 '나'는 개별자로서 타자들과 고립되어 존재하지 않는다. 나의 의식은 공동체 의식과 유리되어 있지 않다. 잊고 있지만, 신(Dieu)의 대리자로서 자연이 그렇게 우리를 만들었기 때문이다. 라 보에시에게 있어 노예로 전락하게 한 자발적 복종은 이러한 의식의 연속성을 상실하고 개별성으로 머무르고 있음을 의미한다. 라 보에시가 우정을 통해 우리에게 보여주는 것은 명시적이다. 개인의 자아의식이 강화될수록 공동체 의식도 역설적으로 강화될 것이라는 것이다. 개인의 개체성을 인정하면서도 라 보에시는 공동체 의식을 가능할 것으로 믿는 듯이 보인다.

라 보에시의 공동체적 자아에는 인간이 개체로 존재하지 않고 타자와 관계 속에서 결속될 때 유기적으로 얽혀 있는 '우리'로 태어날 수 있는 것이다. 공동체적 삶을 위해 나를 희생하는 것이 아니라, 공동체적 자아를 통해 하나가 되는 '나'로 다시 태어나는 것이다. 이러한 공동체적 자아를 가진 '나'는 '너'라고 할 수 있는 '나'이며, 함께 공존하고 상생할 수 있는 이상적인 존재이다. 따라서 망각한 인간 본연의 자유를 되찾고 자발적 복종에서 벗어나기 위해서는 개인들 스스로 반성적 성찰을 통해 자의식을 경험하고 자아를 되찾을 것을 함의한다. 자연이 부여한 천부인권은 우정을 가능하게 하며, 모든 인간들이 공통적으로 지니고 있는 자연적 속성으로 개체들을 통합하여 공동체적 이상으로 이끌 수 있는 힘의 원천으로 해석된다. 이는 타자들과의 관계를 통해 '나'를 이해하고 인식함으로써 나와 타자가 구성하는 공동체적 집단이 스스로 잃어버린 자기 인식을 회복하자는 주장에 다름 아니다. 자신이 속해 있는 공동체와 그 구성원들과 동일한 인간 조건을 바탕으로 동질성의 관계가 형성되고, 이를 통해 집단적인 '우리'라는 공동체적 자아의식을 갖게 되는 것이다. '나'에서 '우리'라는 차원으로 확대하기 위해서는 '신성한' 것이 요구된다. 이것이 바로 우정이다. 이는 도덕적으로나 정치적으로도 개체들을 하나로서 묶어 역동적인 동력으로 만들 수 있는 힘으로서 작동된다.

여기서 깨어있는 자로서의 소수의 엘리트들은 라 보에시가 무지하고 나약한 인민들을 계몽하고자 하는 인간의 모델이다. 이기적이지 않으며 공동체적 의식을 소유하고 자유로운 인간으로서 삶을 살아가는 전형이다. 따라서 명시적으로 언급되지는 않지만 라 보에시가 이들의 예를 통해 보여주고자 하는 것은 타자를 위해 용기를 내고 희생하는 차원 높은 우정의 실천인 것으로 보인다. 이러한 공동체적 자아는 구성원인 개인의 수명과 소멸을 넘어서 영속적으로 유지되는 존재이자 연속적인 의식으로서 정체성을 갖고 하나로 통합되게 하는 일정한 목표를 갖는다. 따라서 라 보에시에 있어서 공동체적 자아는 개인의 인격적 자아에서 출발하여 자신이 속한 공동체와 의식의 일체감을 갖게 될 때 생겨난다.

4.2. 자발적 복종과 의지적 자유

이상이 『자발적 복종론』에 나타난 우정의 핵심적인 내용이다. 공동체적 자아의 개념과 함께 다뤘던 라 보에시의 우정의 개념을 무엇보다 '정치적 우정'의 범주 안에서 다루어야 한다는 건 논박의 여지가 없다. 그런데 이러한 성격의 우정이 어떻게 몽테뉴의 우정론과 연결되어 연속성을 지닐 수 있을지 살펴보는 일은 또 하나의 흥미로운 관찰이다. 사실 몽테뉴의 『에세』 속에서 라 보에시의 사상을 발견하는 일은 매우 어려운 일은 아닐 것이다. 훗날 본의 아니게 무정부주의자들의 논거를 제공하기도 했던 『자발적 복종론』의 정치성 편린을 몽테뉴의 『에세』 곳곳에서 만나기도 한다. 한 예를 들어보자.

> "습관이 되어 버린 우리의 일상의 행동 중에서 실상 우리와 관련되는 것은 천에 하나도 되지 않는다. 어떤 이는 광분하여 이성을 잃은 채 자신을 향해 총알이 빗발치는 성벽을 기어오르는가 하면, 어떤 이는 상처투성이에다 배고픔으로 지쳐 얼굴이 창백한 지경인데도 죽는 한이 있더라도 성문을 열려 하지 않는다. 그대는 이들의 이러한 행동들이 자신들을 위한 것이라 생각하는가? 이들은 만나본 적도 없고 자신들의 안위에는 조금도 걱정 없이 그 순간에도 무위도식하며 환락에 빠져있는 자들을 위해 그렇게 하고 있는 것이다."[13)]

독자라면 누구나 라 보에시가 『자발적 복종론』에서 주장했던 '습관'이라는 인자와 의식의 개혁, 그리고 폭군이나 혹은 군주에 대한 비판적 정신을 이곳에서도 쉽게 발견할 수 있을 것이다. 물론 이는 몽테뉴가 완전한 자유를 위해 자신에게 돌아갈 것을 주장하며 진정한 자아의 회복을 독자에게 요구하면서 나온 예이지만, 라 보에시의 『자발적 복종론』의 한 구절에서 취한 것이라 해도 무방할 정도이다.

---

13) « *En nos actions accoustumées, de mille il n'en est pas une qui nous regarde. Celuy que tu vois grimpant contremont les ruines de ce mur, furieux et hors de soy, en bute de tant de harquebuzades; et cet autre, tout cicatricé, transi et pasle de faim, deliberé de crever plutost que de luy ouvrir la porte, pense tu qu'ils y soyent pour eux? Pour tel, à l'adventure, qu'ils ne virent onques, et qui ne se donne aucune peine de leur faict, plongé cependant en l'oysiveté et aux delices.* » (I.39.241)

그렇다면 이러한 몽테뉴의 우정 개념이 라 보에시의 그것과는 어떠한 관련이 있는 것일까 궁금해진다. 간략하게 살펴본 위의 내용을 되짚어 보면 하나는 정치적 색채가 짙은 공적인 우정의 모습으로 묘사되고, 또 하나는 보다 내밀하고 사적인 특성을 드러내 주기 때문이다. 우선 두 우정의 모델은 모두 'volontaire'라는 형용사를 통해 이어지는 것처럼 보인다. 앞서 인용했지만, 몽테뉴는 아버지와 아들, 형제간의 관계가 만들어 내는 범용한 우정들과 자신의 진정한 우정을 비교하며 이렇게 말한다. "의지적 자유가 생성해 내는 것 중 남녀 사이의 애정과 우정만큼 이 자유에 어울리는 것은 없다." '의지적 자유'라는 표현은 『에세』 전체에 걸쳐 3번 사용되는데, 이중 두 번은 「우정에 대하여」에, 한 번은 「아이들에 대한 아버지의 애정에 대하여」 장에 출현한다. 그러니까 이 표현은 제한된 범위의 특정한 장에서만 출현한다는 것을 의미한다. 라 보에시의 『자발적 복종론』과 몽테뉴의 「우정에 대하여」를 주의 깊게 읽다보면, '복종'과 '자유'라는 일견 대립적인 두 어휘에도 불구하고 형용사 'volontaire'의 존재로 인해 '자발적 복종(servitude volontaire)'과 '의지적 자유(liberté volontaire)'라는 두 표현이 서로 어떤 관련이 있지는 않을까 생각하게 된다. 투르농(A. Tournon, 1990: 76)의 관찰과 주장이 맞는다면, 여기서 '의지적 자유'라는 표현은 라 보에시와 '자발적 복종'에서 "따온 것"이다. 이는 위에서 언급한 것처럼, 『자발적 복종론』이라는 책을 통해 우정의 싹이 자라났다면 이미 몽테뉴는 이를 통해 개진된 라 보에시의 우정의 개념을 접했었다고 추정하는 것이라 할 수 있다.

그런데 우정과 깊은 관련이 있는 '자연'의 개념은 몽테뉴의 텍스트에서 서로 상충되는 경우도 관찰된다. 사실 『자발적 복종론』 속에서 자연은 우정과 동일시되고 우정은 (사회적) 평등과 동등하다. 그리고 평등은 자연의 가장 분명한 증거이다(Conley, 1998: 67). 그런데 아래

인용문이 보여주는 것처럼, 라 보에시가 『자발적 복종론』에서 규정하고 있는 자연에 대한 생각을 몽테뉴는 동의하지 않는 것으로 보인다.

"우리는 하느님이 우리에게 주신 이성의 능력 덕분에 짐승들처럼 공통의 법칙에 노예처럼 지배당하지 않고 우리의 판단능력과 의지적 자유를 행사할 수 있으므로, 자연의 권위에 압도당하는 일이 있을지라도 자연이 전제적으로 끌고 가는대로 우리를 맡겨서는 안 된다. 오직 이성만이 우리의 마음을 이끌어야 한다."[14)]

몽테뉴는 오히려 자연보다는 이성의 역할을 중시하고 자연은 오히려 인간에 대한 폭군처럼 묘사하고 있다. 이는 앞서 부자지간이나 형제간에 작용하는 "자연의 법칙"에서 시사됐듯이, 자연은 오히려 의지적 자유를 침해하는 억압처럼 기술되고 있다.

또 하나 관찰되는 것은 두 텍스트 간의 어휘장의 유사성이다. 몽테뉴가 자신만의 '완전한 우정'을 규정하기 위해 사용하는 어휘들 중 특히나 두드러지는 것들은 '성스런', '신성한', '고결한' 등의 형용사들이다. 이 어휘들은 '몽테뉴식 우정'을 정의하며 그 특징을 잘 드러내 주는 핵심적인 의미 단위들이다. 그런데 이 어휘들은 라 보에시가 우정과 관련하여 사용하는 어휘와 동일하거나 유사한 개념장에 속한 것들로 보인다. 이것이 우연한 일치가 아니라면 몽테뉴의 우정 개념 속

---

14) « *Puisqu'il a pleu à Dieu nous douer de quelque capacité de discours, affin que, comme les bestes, nous ne fussions pas servilement assujectis aux loix communes, ains que nous nous y appliquassions par jugement et liberté volontaire, nous devons bien prester un peu à la simple authorité de nature, mais non pas nous laisser tyranniquement emporter à elle; la seule raison doit avoir la conduite de nos inclinations.* » (I.8.387)

에 라 보에시의 생각이 어떤 방식으로든 정착되었다는 것을 의미한다.

그러나 여기서도 라 보에시의 "성스런" 우정은 몽테뉴의 "성스런" 우정과는 외형적으로 너무도 다른 것처럼 보인다. 몽테뉴의 우정은 신의 의지에서 출발하여 인간의 의지로 귀결하는 것을 의미한다.[15] 즉 "신성한 결합"은 "보다 공평하고 보다 평등한" 주체들의 "의지의 조화"가 이루어질 때 가능하다. 따라서 저마다 간직한 의지는 하나의 의지 속에서 혼합되어 그 고유성을 상실하고 또 다른 존재로 거듭나게 된다. 그런데 이 의지의 결합 주체들은 매우 배타적인 성격을 지닌다. 우선 수적으로 둘 이상이 불가능하며, 그 대상도 다른 사람으로 대체할 수조차 없다. 이러한 몽테뉴 식 우정의 배타성은 단순한 배타성을 넘어서는 것이다. 몽테뉴는 두 사람의 우정이 "3백 년에 한번" 이루어질까 할 정도로 희귀한 우정이라고 우리에게 말해준다. 게다가 스스로 얘기하듯이 완전한 우정의 예는 아니지만 그에 근접한, 고증된 자료로 제시한 예가 세 사람 간의 우정의 예이다. 이는 결국 이러한 우정이 사실상 존재한 적이 없었고 앞으로도 없을 것이라는 것을 보여주면서, 오히려 자신들이 체험한 우정이 결국 단 하나로서 존재하는 이상적인 우정일 것임을 은근히 드러내는 듯이 보인다.

이러한 우정의 배타성은 우정을 이원적으로 구분하고 차별화하는 전략을 취할 수밖에 없다. 한쪽의 부정인 측면을 지적하고 강조하면서 다른 쪽의 가치를 치켜세운다. 몽테뉴에게 있어 일반 사람들의 우정들은 멸시의 대상이다. 그런데 이렇게 몽테뉴가 멸시를 하고 있는, 범용한 우정들을 나누는 사람들은 누구인가? 바로 라 보에시가 『자

---

15) 라 보에시의 경우는 그의 논문 마지막 부분에서 전지전능한 신의 개입하여 전제군주와 그 무리들을 무서운 형벌로 다스려 줄 것을 기원한다. 『자발적 복종론』은 사실 군주나 군주제의 타도를 위해 구체적인 실천적 지침을 제시하지는 않는다. 오히려 이 논문의 내용은 폭군보다는 피지배자인 인민들의 의식을 계몽하는데 초점이 맞춰져 있다고 할 수 있다.

발적 복종론』에서 언급하는 "형제들"이자 "친구들 *compagnons*"다. '자발적 복종'에서 나오는 우정의 개념은 일원적이다. 단수와 복수로 대립되는 몽테뉴식 우정이 아니다. 여기에는 여성은 우정에 적합하지 않다는 성적인 차별도 없다. 형제라는 하나의 공동체 속에서 모두 자연이 부여한 자유와 평등 속에서 하나가 된다. 여기서 형제의 개념은 앞서 살펴본 것처럼, 다툼이 있을 수 있는, 혈연관계를 나타내는 생물학적 개념이 아니라 보편적인 박애 혹은 범애를 의미한다. 따라서 라 보에시의 우정은 비차별적인 보편애와 공동의 의지로 무장하고 있다. 즉, 라 보에시가 말한 "우리 의지의 일치"에서 "우리"는 몽테뉴의 우정론에서 의지가 하나로 융합되는 "우리"와는 완전히 다른 성격의 '우리'이다. 몽테뉴의 이러한 의지의 융합 개념은 앞서 세 명의 친구가 만들어내는 예에서 언급하였듯이, 왜 몽테뉴 식 '완전한 우정'이 수적으로 제한될 수밖에 없는지 이야기해 주고 있다.

그럼에도 불구하고 두 사람의 우정론은 서로 차별되고 대립하는 바로 그 경계 위에서 다시금 이어진다. 사실 두 유형의 우정의 표층적 차이는 보다 심층적인 곳에서 서로 맞닿아 있어 깊은 연관성이 있음을 보여준다. 몽테뉴의 진정한 우정 속에서는 두 영혼은 서로 혼합이 되어 둘을 이어준 흔적조차 사라질 정도로 하나가 된다. 따라서 완전한 우정에서는 두 주체는 무한히 서로에게 다가가는 데에 그치지 않고 그와 나의 구별이 더 이상 없게 되는 단계로 까지 진행하게 된다. 왜냐하면 완전한 우정에서는 "나눠질 수가 없기" 때문이다. 사실 완전한 우정에 대한 몽테뉴의 이러한 묘사는 "자연은 우리를 [...] 모두 하나들이 되기를 원했다."거나 앞서 인용했던 "우리 의지의 일치"라는 라 보에시의 말 속에 담고 있는 의미와 전혀 다르지 않다. 라 보에시의 이 구절들은 몽테뉴의 "의지의 조화"와 대체할 수 있을 것이다. 이는 친구를 돕고 가진 것을 나눠주는 라 보에시의 형제애의 개념과 근본적으로 결부된다. 라 보에시에 있어 자연은 인간 개개인에게 저마다 다른 능력을 주었지만 이를 극복할 힘을 동시에 부여하고 하나의 공동체로 일체화하도록 한다.

이러한 발상의 기저에는 너와 내가 어우러져서 없으므로 네 것, 내 것이 없는 상태가 놓여 있다. 몽테뉴의 표현을 빌자면, 완전한 우정에서는 일반 사람들의 범용한 우정들과는 달리 "봉사"에 감사를 느낄 필요가 없다는 것이다. 친구 간의 의지의 결합을 통해서 우정은 완전한 것이 되며 따라서 내가 내 자신에게 해주는 "봉사"에 아무 감사도 느끼지 않는 것과 마찬가지 이치인 것이다. 라 보에시에게 우정은 사회적 계층과는 상관없이 평등한 관계를 회복시킬 수 있는 힘을 지니고 있다. 자연 스스로 만들어 낸, 능력의 천부적 불평등을 우정이라는 또 다른 자연의 선물이 이를 보상하고 메꾸어 줄 수 있는 것이다. 따라서 줄 수 있는 능력이 있는 자는 도움을 주고 이 도움이 필요한 자는 아무런 제약 없이 받으면 된다. 우리는 "모두 하나들 *tous uns*"이기 때문이다. 이러한 공동체에서 완전한 우정은 곧 자발적 복종의 모습으로 변화하는 "기적"을 경험한다. 자발적 복종은 완전한 우정에서 일어나는 의지의 융합적 결합에서 관찰된다. 완전한 우정은 두 존재가 고유하게 간직한 각자의 의지를 버리고 또 다른 형태의 자아 속에서 새로운 모습으로 거듭나는 것이다. 이때 나의 자아를 포기하는 일은 곧 내 자유를 상실하고 상대의 의지에 복종하는 결과를 낳게 된다. 그런데 여기서 자발적 복종은 더 이상 '하나'에 대한 굴종이 아니라 '하나들'에 대한 '봉사'가 되는 것이다. 이것은 앞서 우리가 제안한 공동체적 자아의 개념과 근본적으로 연결되어 있음은 언급할 필요도 없을 것이다. 공동체적 자아 안에서 우리는 서로 의지적으로 형제들에게 복종하는 완전한 우정을 실천하는 것이다.

이렇게 두 우정을 결부시킬 때, 몽테뉴의 범용한 우정은 라 보에시의 우정 모델에서는 폭군과 폭군을 돕는 자들과의 관계로 좁혀진다. 폭군이 자신의 권력을 유지할 수 있는 이유들 중의 하나는 그를 돕는 자들이 있기 때문이다. 여기서 우정의 개념은 군주와 그에게 막대한 이익을 보장받고 '자발적으로' 봉사하는 그의 '주구들'과의 관계에 적용되는 개념이다. 이 둘의 관계는 서로의 이익을 위해 서로가 필요한 '친구'의 관계이다. 서로에게 필요한 부분을 충족시키며 필요가 없는 상황이 되면 자연스럽게 사라지는 관계이다.

몽테뉴의 우정이 보여주는 것은 우정이란 자신의 가장 이기적인 면을 폐기하고 타자를 온전히 자기로 바라보는 데 있다. 이것이 배타적이면서도 예외적인 특징을 지닌 완전한 우정이 정수로서 지니고 있는 우정의 본질이다. 꽁빠뇽은(Compagnon, 2013: 82)은 현대의 많은 철학자들이 자기(soi)와 타자(l'autre) 간의 변증법을 의식하기 이전에 이미 몽테뉴는 이를 잘 알고 있었다고 주장한다. 예를 들어 폴 리쾨르(Paul Ricoeur)의 '타자로서의 자기자신(Soi-même comme un autre)의 이론의 근간에 흐르는 핵심적 사항이 바로 몽테뉴의 에세를 통해 이어지고 있다는 것이다. 그러나 우리는 이러한 생각이 이미 라 보에시의 『자발적 복종론』에 충분히 녹아있음을 이상의 논의에서 알 수 있다. 몽테뉴의 우정의 정수는 라 보에시의 정치적 우정의 본질과 상통한다. '모두 하나들'이 함의하는 바는 모두 자기 혼자서는 결핍된 존재라는 걸 의미한다. 그것은 서로 힘을 합치지 않으면 고통을 받을 수밖에 없는 존재, 공존이 아니라 통합이 되었을 때 비로소 자기의 정체성을 확보할 수 있는 존재, 그러면서도 나와 너가 우리를 위해서 희생된다는 것을 의미하지 않는 자유의 의지를 의미한다. '모두 하나들'에서는 저마다 모두이다. 이것이 '모두 하나(tous un)'와의 차이를 만들어 낸다. '모두 하나들'은 그 자체로 '하나(un)'가 아니다. 그 공동체의 구성원 각자가 하나의 개체성과 고유성을 보장받는다. 너와 내가 우리를 위해서 존재한다든지, 우리가 하나를 위해 존재한다는 것은 자연의 법칙을 따르는 것이 아니다. 공동체적 자아 속에는 너도 나도 고유성을 상실하지 않고 존재한다. 몽테뉴가 "내가 이중으로 된다는 것은 기적이다"라고 한 것도 이러한 개념적 틀에서 올바르게 해석할 수 있다. 그것은 곧 의지의 일치, 의지의 융합이기 때문이다. 여기서 우정은 자기의 안에 누군가의 자리를 마련해 놓는 일이다. '모두 하나들'은 '하나'를 위해, 하나의 힘이 되기 위해 먹히고 그에게 동화되는 카니발리즘을 거부한다. 아마도 이는 이제부터 살펴볼 신대륙 담론과 근본적으로 연결되는 부분이기도 하다. 신대륙 담론을 통해 우리는 서로의 '반쪽'은 대립되는 것이 아니라 상호 보완하면서도 '차이'가 인정되는 것임을 알게 될 것이다.

V

카니발리즘: 타자의 초상 혹은 자화상

5

카니발리즘: 타자의 초상 혹은 자화상

「야만인이란 무엇보다 야만을 믿는 자를 말한다.」
« *Le barbare, c'est d'abord l'homme qui croit à la barbarie* »
Claude Lévi-Strauss, *Race et histoire*, réédition, Denoël, 1987, p.22.

5.1. 식인종, 그리고 야만의 문명

서구의 문명사에서 15세기 신대륙의 발견은 매우 의미적인 질문과 성찰을 이끌어 내었다. "우리 세계는 막 다른 세계를 발견하였다. *Nostre monde vient d'en trouver un autre.*"(III.6.908). 『에세』 3권 6장 「역마차에 대하여 *Des Coches*」에 나오는 이 구절은 새로운 타자(L'Autre)와의 조우를 의미하는 것이었다. '식인종(cannibale)', '야만인(barbare)' 혹은 '미개인(sauvage)'으로 규정된 이 타자와의 만남은 유럽사회에 인간과 문명의 개념을 새롭게 일신하고 유럽적 정체성에 대한 근본적인 응시를 요구하는 것이기도 했다.

16세기를 살았던 몽테뉴도 『에세』의 일부 장을 통해 이러한 역사적·사회적 의미를 짚어 내고 있다. 이 중 대표적으로 신대륙 담론을 논하는 장이 1권의 「식인종에 대하여」와 3권의 「역마차에 대하여」라는 제목의 두 장이다.[1] 이 장들은 몽테뉴의 문화 상대주의나 인본주의적 사상을 논할 때 빠지지 않고 언급되는 장이기도 하다. 우리는 여기서 1권의 「식인종에 대하여」 장의 내용을 중심으로 살펴보려고 한다. 물론 몽테뉴가 이 장을 빌어 말하고자 하는 내용은 제목이 상기시키는 것처럼 신대륙 원주민들 사이의 식인풍습(anthropophagie), 혹은 식인행위(cannibalisme)라는 '야만의 습성' 자체는 아니다. 이 책의 서두에서 언급했던 것처럼 몽테뉴가 생존하던 16세기말은 매우 참혹한 시기였다. 잔인하고 끔찍한 종교 분쟁들이 오랫동안 이어졌고 이로 인해 인간의 소중한 가치들은 여지없이 짓밟혀 갔다.

몽테뉴의 눈으로 볼 때 이 신대륙과 자신이 살고 있는 유럽은 마치 천국과 지옥을 비교하는 것 같았다. 서구인들이 그동안 만들어 온 소위 '문명의 세계'가 마침내 수명을 다하여 종말에 이른 것이라면(« *Si nous concluons bien de nostre fin* » (II.6.908) 신대륙은 자신들이 잃어버린 것들을 여전히 간직한 유토피아 같은 곳이었다. 다음의 구절은 이러한 몽테뉴의 마음을 잘 대변해 주고 있다.

> "우리 세상이 광명에서 나갈 때, 이 새 세상은 광명 속으로 방금 들어오는 길일 것이다."[2]

『에세』에 나타난 몽테뉴의 모습은 매우 엄중한 시대의 증인이다. 그는 신의 이름으로 종교전쟁이 야기한 인간들의 잔인한 행태들을 『에

---

1) 신대륙 담론을 논하는 『에세』의 다른 장들에는 「레이몽 스봉의 변호 *Apologie de Raimond Sebond*」(II.12)와 「습관에 대하여, 그리고 기존의 법은 쉽사리 변경되지 말아야 한다는 것에 대하여 *De la coustume et de ne changer aisément une loy receue*」(I.23) 등을 들 수 있다.

2) « *cet autre monde ne faira qu'entrer en lumiere quand le nostre en sortira.* »(III.6.909)

세』 여러 곳에서 매우 단호하게 고발하고 있다. 그의 냉엄한 비판은 단지 유럽이라는 '문명화된' 공간에서 저지른 행태들만이 아니라 신대륙이라는 '미개한' 장소에서 자행한 부끄럽고 혐오스런 '문명인들'의 행동에도 가차 없이 향한다. 몽테뉴는 '그들'이라는 삼인칭 대명사가 아니라, '우리'라는 일인칭 복수 대명사를 사용하면서 책임의 소재를 특정한 국가가 아니라 유럽 전체의 문명으로 돌렸다(Nakam, 2001: 332-333).

몽테뉴의 서구 문명에 대한 고발은 우선 신대륙의 식인종을 소환하고 이들의 '순수한 자연'을 통해 자기반성과 성찰을 끌어내는 것이다. 서구는 문명으로, 아메리카 대륙이라는 비서구는 야만으로 규정하는 자기중심적인 사고방식은 여기서 비판의 대상이다. 타자라는 거울은 곧'나'뿐만 아니라 그 너머 '나'가 속한 '우리'의 모습을 비추어 보는 계기가 된다. 몽테뉴는 이 '식인종들'의 야만의 삶과 문화가 간직한 가치를 이상화함과 동시에 이를 적극적으로 변호하면서 소위 문명인들의 추한 몰골을 드러나게 한다. 깨끗한 거울은 보는 이의 얼굴을 제대로 비추어주듯이, 아메리카 원주민을 이상화하는 작업은 오히려 진짜 '야만인'이 된 자신들의 모습을 있는 그대로 비춰 보이도록 하는데 있는 것이다.[3)]

5.2. 타자와의 만남: 문화상대주의와 다문화

몽테뉴가 타자를 만나는 방식 중의 하나는 여행이었다. 신대륙에 대한 담론을 논하기 위해 그는 여행을 살피는 이유는 바로 이질적인 문화와 타자의 존재를 몽테뉴가 어떻게 수용하고 있는지 살펴보기 위

3) 이 장은 서종석 외(2015)의 논의를 중심으로 발전시켰다.

해서이다. 여행은 자기 수련을 위한 매우 적극적인 능동적 행위이다. 몽테뉴는 여행이라는 경험을 통해, 책만으로는 달성하기 힘든 자신의 정신 영토의 외연을 끊임없이 확장해 나간 듯이 보인다. 그가 나중에 프랑스 땅을 밟은 아메리카 원주민들을 만나 대화하는 자세는 많은 것을 시사해 주고 있다. 따라서 여행에 대한 그의 생각을 들여다보는 일은 바로 그의 열린 정신의 한 근원을 파악하는 일이며, 또한 이것이 그의 신대륙 담론을 관통하는 정신과 맞닿아 있다는 것을 확인해 보는 일이기도 하다.

몽테뉴는 유럽 곳곳을 여행하였는데, 여기서 얻은 인문주의자적인 삶의 태도를 『에세』 곳곳에 드러내고 있다. 특히 『에세』 3권 9장 「허영에 대하여」는 여행에 대한 몽테뉴의 생각을 엿볼 수 있다. 그는 새로운 것을 좇고 호기심 어린 자신의 성정에 대하여, "아직 알지 못하는 새로운 사물들을 탐하는 성미는 여행하는 욕망을 가꾸도록 거들어 준다."[4]고 자신을 스스로 판단한다.

> "나는 아무리 담석증을 앓고 있어도 한번 말을 타면 내릴 줄 모르고, 여덟이나 열 시간동안 물리지 않고 매달려 지낸다."[5]

힘든 몸이었지만 몽테뉴는 여행 다니기를 무척 좋아했다. 만약 선택해야할 문제라면 "침대 위에서보다는 차라리 말 위에서 *plustost à cheval que dans un lict*" (III.9.978) 죽음을 맞고 싶다고 고백할 정도로 여행에 대한 집착은 광적이었다. 여행을 "유익한 수련 *un exercice*

---

4) « *Cette humeur avide des choses nouvelles et inconnues ayde bien à nourrir en moy le desir de voyager* [...]. » (III.9.948)

5) « *Je me tien à cheval sans demonter, tout choliqueux que je suis, et sans m'y ennuyer, huict et dix heures,* [...] » (III.9.974) 몽테뉴는 생전에 신장결석으로 고통 받았는데, 이를 치료하기 위한 여행을 자주 다녔다.

profitable" (III.9.973)으로 생각했던 그는 여행이란 것이 참으로 많은 것을 여행자에게 가져다준다고 믿었다. 그리고 여행이 우리에게 주는 좋은 점들을 이렇게 예찬한다.

"정신은 여행을 하는 동안 늘 알지 못하는 새로운 사물들을 주목하느라고 계속적으로 훈련받는다. 그리고 내가 여러 번 말한 바와 같이, 사람에게 끊임없이 다른 나라의 색다른 생활과 사상과 습관 등을 제시해 주며, 우리들의 천성인 끊임없이 변해가는 형태를 음미시키는 것보다 인생을 형성하는데 더 효과적인 학문이 있는지 나는 알지 못한다. 그동안 몸은 한가롭지도 않고 바쁘지도 않으며, 이렇게 알맞은 움직임으로 늘 긴장되어 있다."[6)]

여행은 몽테뉴에게 있어 무엇보다 타자와의 만남이다. 또한 그것은 그 타자의 삶과 문화를 대면하는 일이다. 보통 자신의 의지와는 상관없이 타자와의 빈번한 접촉과 풍부한 대화를 만들어 주기 때문이다. 따라서 여행자에게는 자신의 닫힌 빗장을 풀고 열린 마음으로 세상을 바라볼 수 있는 기회가 주어진다. 그러나 이는 준비된 사람들만의 몫이란 걸 몽테뉴는 지적한다.

"대부분은 단지 돌아오기 위해서 가는 것이다. 그들은 마차의 덮개를 덮고 비좁게 앉아서 묵묵히 조심하여 말도 하지 않고, 알지 못하는 땅의 공기에 감염될까

---

6) « *L'ame y a une continuelle exercitation à remarquer les choses incogneues et nouvelles; et je ne sçache point meilleure escolle, comme j'ay dict souvent, à former la vie que de luy proposer incessamment la diversité de tant d'autres vies, fantasies et usances, et luy faire gouster une si perpetuelle varieté de formes de nostre nature. Le corps n'y est ny oisif ny travaillé, et cette moderée agitation le met en haleine.* »(III.9.973-974)

자기를 방비하며 여행한다."[7]

그런데 여행을 즐기는 그의 마음가짐은 남다르다. 몽테뉴는 여행이 만들어 주는 그 어떤 새로운 환경이라도 체질상 잘 적응할 수 있다고 자부한다. 나라마다 서로 다른 음식 문화나 독특한 이질감이건 그에게는 큰 문제가 되지 못한다. 왜냐하면 "습속은 저마다 그 이치가 있다. *Chaque usage a sa raison*."(III.9.985).고 생각하기 때문이다. 나라마다 습속이 다른 것은 당연한 것이기에 그는 이렇게 말한다.

> "프랑스보다도 다른 데 나가 있을 때에는 누가 인사치레로 프랑스식으로 차려 낼 것인가 하고 물어 오면, 나는 사양하며 항상 외국인들이 가장 빽빽이 앉은 식탁으로 끼어든다."[8]

그는 여행 중에 만나는 사람들에게도 적극적이어서, 먼저 다가가 말을 걸고 사귀며 관계를 맺는다고 한다. 그렇다고 요는 몽테뉴가 낯선 이들과의 만남에서 우월감을 느끼거나 절대 허세를 부리지 않으며, 함께 어울린다는 점이다. 사람들은 저마다 자신의 고유한 것을 갖고 있을 뿐 더 모자라거나 낫거나 한 것은 없다는 것이 몽테뉴의 생각이다.

---

7) « *La plus part ne prennent l'aller que pour le venir. Ils voyagent couverts et resserrez d'une prudence taciturne et incommunicable, se defendans de la contagion d'un air incogneu.* »(III.9.986)

8) « *Quand j'ay esté ailleurs qu'en France et que, pour me faire courtoisie, on m'a demandé si je vouloy estre servy à la Françoise, je m'en suis mocqué et me suis tousjours jetté aux tables les plus espesses d'estrangers.* »(III.9.985)

"나는 그들에게서 우리 것보다 못한 방식이란 본 일은 없는 듯하다."[9]

이 구절에서 우리는 다른 문화와 습속이 주는 이질적이고 차이나는 것들을 있는 그대로 수용하면서, 가치 판단에 대해서는 신중한 그의 태도를 짐작할 수 있다. 여행과 관련해 몽테뉴가 보여주는 이러한 생각은 현재 우리가 '문화상대주의(relativisme culturel)'라고 규정할 수 있는 태도이다. 이러한 정신은 『에세』 여러 곳에서 관찰된다.

"산맥으로 제한되며, 산 하나만 넘으면 거짓이 되는 게 무슨 진리인가?"[10]

몽테뉴는 우리의 좁은 사고와 정신을 비판하면서 이런 처방을 제시한다. "사람들과의 교류 *le commerce des hommes*"와 "외국을 방문 *la visite des pays estrangers*"하는 일은 "다른 이의 머리를 빌려 자신의 머리를 닦고 다듬는 일 *frotter et limer nostre cervelle contre celle d'autruy*" (I.26.153), 즉 인격을 도야하고 수양하기 위해 꼭 필요한 것이다. 여행은 대화와 공통점이 많다. 대부분의 경우 둘 모두 모순과 대립들과의 조우라는 점에서 그렇다. 하지만 몽테뉴에게는 타자와의 대화는 오히려 나 자신의 좁은 정신을 탈피할 유익한 계제가 될 수 있기 때문이다. 타자와의 대화 시 빈번하게 발생하는 모순과 대립은 불편하거나 두려운 것이 아니고, 오히려 자신의 사고를 새롭게 해주는 것이다.

---

9) « *il me semble que je n'ay rencontré guere de manieres qui ne vaillent les nostres.* » (III.9.986)

10) « *Quelle verité que ces montaignes bornent, qui est mensonge au monde qui se tient au delà?* » (II.12.579)

"판단의 모순은 내 감정을 상하게 하지도 나를 변하게 하지도 않는다. 단지 내 정신을 깨워 단련시킬 뿐이다."[11]

우리가 다른 문화와 그 습속에 대한 몽테뉴의 호기심과 개방적인 태도에서 눈여겨 살펴보아야 할 점은 이 태도의 기저에 놓은 그의 사상의 정수이다. 다음의 구절은 이를 잘 보여주고 있다.

"나는 모든 인간들을 나의 동포로 보며, 폴란드인이라도 프랑스인과 마찬가지로 포옹한다."[12]

몽테뉴의 사상을 문화상대주의로 단순히 규정짓는 것은 보다 중요한 사안을 간과하는 것이다. 위 인용문이 보다 본질적으로 함의하고 있는 바는 '이방인'에 대한 환대와 배려, 혹은 톨레랑스(tolérance)가 그 핵심이라는 것이 우리의 생각이다. 몽테뉴의 깊은 철학을 반영하고 있는 이 인용문은 신대륙의 원주민들의 경우에도 그대로 적용될 수 있는 언술이다. 아래에서 살펴볼 몽테뉴의 16세기 식인종 이야기는 이러한 정신과 사고의 연속성 속에서 바라보아야 할, '이방인'에 대한 초대이자 대화라고 할 수 있다.

5.3. 신세계 담론

몽테뉴의 신세계 담론에 들어가기에 앞서 우선 그가 세밀히 묘사하

---

11) « *Les contradictions donc des jugemens ne m'offencent ny m'alterent; elles m'esveillent seulement et m'exercent.* » (III.8.924)

12) « [...] *j'estime tous les hommes mes compatriotes, et embrasse un Polonois comme un François, postposant cette lyaison nationale à l'universelle et commune.* » (III.9.973)

고 있는 아메리카 원주민들의 문화와 풍습, 그리고 현지에 대한 지식을 어떻게 얻은 것인지 잠시 언급하기로 하자. 신대륙 탐사 역시 하나의 여행이라고 할 수 있지만 그렇다고 몽테뉴 자신이 이 원정대에 참여한 것은 아니었다. 따라서 그가 우리에게 들려주는 식인종 이야기는 어디까지나 간접적인 경험에 기반을 둔 것이다.

「식인종에 대하여」 장에서 확인되는 바에 따르면, 그의 간접경험의 주된 정보원은 무엇보다 몽테뉴의 수하에 있던 한 인물의 구술이다. 여기에는 또 그 인물이 소개해준 – 여행 중에 만나 알고 지내던 – 뱃사람과 장사꾼들도 포함된다.[13] 간접적인 경험이라는 한계를 알고 있어서인지 몽테뉴는 본론으로 들어가기에 앞서 독자들에게 제법 길게 왜 인물을 신뢰하는지에 대해 개진한다. 몽테뉴는 이 인물이 거짓으로 이야기를 꾸며댄다든지 살을 붙여 말하지 않을 믿을만한 사람이라고 확신을 한다. 그리고는 그는 "단순하고 투박한 사람이어서 사실 그대로의 증언을 해주는데 적당하다."[14]고 덧붙인다. 어떻게 보면, 몽테뉴가 이 인물을 묘사하는 대목에서 우리는 순수하고 단순한 한 '야만인'을 떠올리는 건 자연스러운 일이라는 생각이 든다. 더군다나 몽테뉴가 여기서 사용하고 있는 어휘 '*simple*'은 이 인물뿐만 아니라 원주민의 묘사에도 반복적으로 여러 번 사용되고 있음이 관찰되기에 더욱 그런 생각이 든다.

이러한 구술 외에도, 후세 학자들은 신대륙 담론을 펼칠 수 있게 해준 몽테뉴의 또 다른 도우미로 관련 서적을 들고 있다. 물론 어디까지나 추정이지만 『에세』 초기 장들이 다양한 인간의 행동과 습속을 다

---

13) « *plusieurs matelots et marchans qu'il avoit cogneuz en ce voyage.* » (I.31.205)

14) « [...] *homme simple et grossier, qui est une condition propre à rendre veritable tesmoignage.* » (I.31.205)

루면서 다양한 서적의 도움을 받은 것을 생각해보면 책이란 존재를 염두에 두지 않을 수는 없을 것이다. 특히 「식인종에 대하여」 장의 내용 일부가 1578년 출판된 장 드 레리(Jean de Léry)의 『브라질 여행기 *Histoire d'un voyage faict en la terre du Brésil*』에 나오는 내용과 거의 유사한 것으로 보아 이 책이 몽테뉴의 주된 참고 문헌일 것이라고 추측해볼 수 있는 것이다(Dupeyron, 2013: 51-57).

구술이나 여행기 등, 신대륙에 대한 간접 경험 외에도 고려해야 할 또 다른 사항은, 몽테뉴 자신이 신대륙 원주민을 직접 대면했다는 사실이다. 문명의 땅으로 '여행'을 온 이 '야만인들'의 눈에 비친 서구의 모습은 독자들에게 흥미를 자아내기에 충분하다. 아래에서 다시 다루겠지만 이 장면은 「식인종에 대하여」 장 후반에 묘사되고 있다. 몽테뉴는 당시 프랑스 루앙(Rouen)에 와있던 세 명의 원주민들과 통역을 가운데 두고 대화를 나누게 된다. 비록 간접적인 대화였고 통역에 대한 미덥지 않은 마음을 드러내기는 했지만, 몽테뉴는 이 대면을 통해 "사람들이 내게 전해준 것에 따라 *à ce qu'on m'en a rapporté*" (I.31.205) 알게 된 신세계에 대해 자신의 판단을 보충하고 확인하는 기회를 얻었을 것으로 보인다.

「식인종에 대하여」장은 피로스(Pyrrhus)왕의 이야기로 시작한다. 이 이야기를 도입부에 놓은 것은 다분히 의도적으로 보인다. 이 이야기가 담고 있는 내용은 과거 그리스인들이 이국(異國) 사람들을 호칭하던 관습에 따라 로마군대(로마인)를 '야만인'이라 불렀다는 것이다. 이러한 예가 인용된 것은 우연이 아니라 이 장의 전체를 아우르는 글쓴이의 논증 전략과 밀접하게 관련된 것으로 보인다. 아울러 '식인종에 대하여'라는 제목에 이어 바로 '야만인'이라는 사실상 동의어를 사용한다는 것도 분명히 의도적인 글쓰기 전략이다. 이 도입부는 문명인인 로마인들을 '야만'의 범주로 소환하면서, 사실상 당시 유럽 사회가 부여했던 '야만'에 대한 정의가 절대적인 것이 아니라 상대적인 것임을 지적한다. 야만이란 개념은 인간 문명을 계층화한 결과이다. 그 계층의 상부에는 서구의 문명을 그 하부에는 비서구의 문명을 놓는다. 몽테뉴는 시작부터 야만인에 대한 독자들의 편견을 드러내고 그것이 지닌 부정적인 시각을 완화하려고 한다. 몽테뉴는 잘못된 편견으로 인한 사람들의 실수를 비판하며 합리적인 혜안의 필요성을 역설한다.

> "그러니까 속인들의 의견에 매여 지내는 일이 없어야 하며, 그런 것을 일반 여론에 의함이 아니라 이성의 방법으로 판단해야 한다."[15]

또 "아주 단순해서 *si simple*" 신뢰할 만한 자기 사람의 증언을 토대로 몽테뉴는 이렇게 단언하기도 한다.

> "이 나라에는 야만적이며 미개한 것은 아무것도 없다."[16]

왜냐하면 그것은 "자기 습속이 아닌 것은 저마다 야만적이라고 하는"[17] 사람들의 협소한 생각이나 편견에서 비롯된 것이기 때문이다. 이러한 생각은 방금 전 살펴 본 그의 여행관에서 관찰된 세계관이 다시 반복된 것이기도 하다.[18] 여기서 식인종을 정의하는 서구문명의

---

15) « *voylà comment il se faut garder de s'atacher aux opinions vulgaires, et les faut juger par la voye de la raison, non par la voix commune.* » (III.31.202)

16) « *il n'y a rien de barbare et de sauvage en cette nation.* » (III.31.205)

17) « *chacun appelle barbarie ce qui n'est pas de son usage.* » (III.31.205)

18) 몽테뉴는 『에세』의 다른 곳에서도 '야만'이라는 표현을 사용하면서 서구인들의 편협함을 비판하고 있다. '야만'이라는 어휘는 그의 신대륙 담론을 관통하는 단어인데, 유럽 여행에서 느낀 생각을 담는 과정에서도 출현한다.

또 다른 표현인 '미개(인),sauvage)'이 출현한다. '야만'과 '미개'라는 이 두 어휘를 통해서 몽테뉴는 식인종이라는 존재에 대한 당시 서구인들의 인식을 있는 그대로 드러내면서, 동시에 서구 사회가 자신의 것을 진리나 이성의 규범으로 삼으려는 태도를 비판한다.

"거기에는 언제나 완전한 종교, 완전한 정치, 모든 사물들의 완전하고 완벽한 습관이 있다."[19)]

위 구절은 스스로 문명인이라 자처하는 서구인들의 자기민족중심주의(ethnocentrisme) 시각을 비판하는 것이다. 몽테뉴는 사실상 이 언술을 통해서 동시대인들의 태도를 조롱하고 있다. 즉 «*parfaicte*», «*perfect*», «*accomply*» 등, 동일한 단어나 유사한 의미의 단어들이 반복되면서 본래의 긍정적인 의미는 상실되는 반어적 효과가 만들어지는 것이다.

"우리나라 사람들이 이 어리석은 습성에 도취해서, 자기들 식과 반대되는 형식에 놀라는 꼴을 보면 남부끄러워진다. 그들은 자기 동네 밖으로 나가면 자기들 본질에서 벗어나는 듯이 여긴다. 어디를 가든지 그들은 자기네 식을 지키며, 다른 방식은 싫어하고 꺼린다. 어쩌다가 헝가리에 가서 우리나라 사람들을 만나면 무슨 큰일이나 난 것처럼 야단법석이다. 그들은 거기서 서로 뭉쳐 단합하며, 그들이 보는 그 많은 **야만적** 풍속을 비난한다. 그들은 프랑스식이 아닌데, 어째서 야만이 아니겠는가?"(강조는 필자의 것임) « *J'ay honte de voir noz hommes enyvrez de cette sotte humeur de s'effaroucher des formes contraires aux leurs: il leur semble estre hors de leur element quand ils sont hors de leur vilage. Où qu'ils aillent, ils se tiennent à leurs façons, et abominent les estrangeres. Retrouvent ils un compatriote en Hongrie, ils festoyent cette avanture: les voylà à se ralier et à se recoudre ensemble, à condamner tant de meurs **barbares** qu'ils voient. Pourquoy non **barbares**, puis qu'elles ne sont françoises?* » (III.9.985)

19) « *Là est tousjours la parfaicte religion, la parfaicte police, perfect et accomply usage de toutes choses.* » (III.31.205)

몽테뉴가 ‘야만’이란 단어의 부정적인 면을 중화하고 긍정적인 의미를 갖도록 비유를 활용한다. 식인종, 야만인, 미개인이라 불리는 신대륙 원주민들은 ‘야생 과일’, 즉 ‘자연산 과일’에 유비된다.

> “그들이 야만인이라면, 그것은 자연이 스스로, 주어진 방식으로 키워낸 과실을 우리가 야생의 과실이라 부르는 것과 마찬가지라는 의미에서 그런 것이다.”[20]

그러니까 ‘야만’은 더 이상 신대륙 원주민들을 규정하는 부정적인 의미가 아니라, 자연이 지닌 순수하고 질적으로 우월한 것으로 정의된다. 반면에 이제 ‘야만’이라 불러야 할 대상은 오히려 “우리가 우리의 기교로 손상시키고 정상적인 질서에서 벗어나게 한 것들”[21]이다. 이러한 관점에서 보면 서구의 사회가 자랑하는 그 찬란한 문명 속에서 이루어 놓은 ‘과실들’은 오히려 ‘야생의 과일들’보다 더 질적으로 낮은 것들에 불과하다. 또한 그 ‘과실들’은 썩거나 변질된 것일 뿐이다. 신세계의 원주민들이 “참되고 유용하며 자연스런 도덕과 자질들 *les vrayes, et plus utiles et naturelles vertus et proprietez*”을 지니고 있다면, “우리 *nous*”는 이 도덕과 자질들을 퇴화시키고 “단지 우리의 퇴패적인 기호의 쾌락에 맞춰 놓고 *seulement accommodées au plaisir de nostre goust corrompu*”(I.31.205) 있는 것이다.[22]

---

20) « *Ils sont sauvages, de mesmes que nous appellons sauvages les fruicts que nature, de soy et de son progrez ordinaire, a produicts.* » (I.31.205)

21) « *Ice sont ceux que nous avons alterez par nostre artifice et detournez de l'ordre commun* » (I.31.205)

22) 몽테뉴는 3권 「역마차에 대하여」 장에서도 신대륙 원주민들에 대한 찬사를 아끼지 않는다. 그의 찬사는 문명화된 서구사회를 비판하기 위한 것으로 무엇보다 이들의 정신적인 측면이나 혹은 지적인 수준을 향하는 것이다. 그러나 또한 “쿠스코 시와 멕시코 시의 놀랄 만큼 장엄한 규모

여기서 주목해야할 점은 몽테뉴의 야만에 대한 정의에는 이렇듯 자연의 역할이 매우 크다는 것이다. 야만인에 대한 몽테뉴의 찬사는 자연에 대한 찬사와 직접적으로 결부되어 있다. 다시 말해 몽테뉴에게 있어 "위대하고 강대한 우리의 어머니 대자연 *nostre grande et puissante mere nature*"에 누가 더 가까이 다가선 존재인가는 매우 중요한 일인 것이다. 문명의 이름으로 창조해낸 기술과 기교, 혹은 인공적인 열매들이 얼마나 위대한 것인지는 모르나 그것이 자연을 넘어서거나 대신할 수는 없다. 몽테뉴는 우리 문명인들이 아무리 애를 쓴다 해도, 거미가 만드는 거미줄도, 새들이 짓는 새집조차도 만들 수는 없다고 주장한다. 오히려 자연이 만든 이러한 "작품의 미와 풍요로움 *la beauté et richesse de ses ouvrages*"은 문명화된 인간들의 무분별한 개입으로 "질식 *estouffée*"되어 버렸다는 것이다. 자연은 그 자체가 지닌 "순수성 *sa pureté*"(I.31.206)으로 빛나며, "우리의 경박하고 헛된 시도들이 얼마나 수치스러운지 알게 해준다."[23] 몽테뉴는 여기서 자연의 법칙과 인간이 만든 법률을 비교한다. 인간의 법률도 결국은 순수한 자연에서 벗어난 것으로 우리도 그 영향의 피해자라는 점을 말해고자 하는 것이다. 다시 말하자면, 야만인들은 나쁜 법률의 영향을 입지 않아서 "여전히 자연의 법칙에 따르며 살고 있다. *Les loix naturelles leur commandent encores.*" (I.31.206). 따라서 이 나라 사람들은 '야만적'으로 보인다는 것은 이들이 자연이 준 "본래의 순진무구함을 거의 잃지 않고 간직하고 있어서 *estre encore fort voisines de leur naifveté originelle*" (I.31.205)이기 때문인 것이다.

L'espouventable magnificence des villes de Cusco et de Mexico"와 "금으로 세공한 최고의 *excellemment formez en or*" (III.6.909) 등에서 보는 것처럼 그들의 숙련된 수공과 예술적인 능력에 대한 찬사도 잊지 않는다.

23) « *elle[la nature] fait une merveilleuse honte à nos vaines et frivoles entreprinses.* » (I.31.206)

그런데 이러한 몽테뉴의 자연 예찬이 단순히 야만인이나 식인종에 대한 이상화를 위한 것은 아니다. 인간이 본래 간직했던 순수한 상태는 스스로의 문명에 의해 타락되고 변질되었음을 그가 강조하는 이유는 결국 당시 서구의 사회와 문화를 비판하고 그로부터 자기성찰을 이끌어 내기 위한 것이다. 따라서 몽테뉴가 서구사회의 법과 철학의 전통을 상징하는 고대의 사상가들을 언급하는 것은 이러한 비판적 정신의 연속선상에 있는 것이다.

"이들의 순수한 상태를 보면, 나는 때로 먼 옛날 우리보다 더 판단력이 뛰어난 사람들이 있던 시대에 이 사람들이 알려지지 않은 게 안타깝다."[24)]

---

24) « [...] *c'est en telle pureté, qu'il me prend quelque fois desplaisir dequoy la cognoissance n'en soit venue plus-tost, du temps qu'il y avoit des hommes qui en eussent sceu mieux juger que nous.* » (I.31.206)
유사한 구절로, 몽테뉴는 3권 6장 「역마차에 대하여」에서 스페인 탐사대에 의해 침탈된 원주민들의 운명에 대해 통탄하며, 이루어질 수 없는 바람을 한탄스럽게 읊조린다. "어째서 이런 고귀한 정복이 알렉산드로스나 옛날의 그리스나 로마 사람들의 차지가 되지 않았던가! 어째서, 이렇게도 많은 제국들과 국민들의 위대한 변혁과 개화가 그들의 야만적인 면을 부드럽게 개척하고 닦아서, 대자연이 그곳에 이루어 놓은 좋은 씨앗에 힘을 주고 발전시켜서 땅의 경작과 도시의 장식에 대단히 필요했을 이곳의 예술을 보태어 주었을 뿐 아니라 그 고장에 있던 도덕에 그리스와 로마의 도덕을 보태 주지 않았던가!" « *Que n'est tombée soubs Alexandre ou soubs ces anciens Grecs et Romains une si noble conqueste, et une si grande mutation et alteration de tant d'empires et de peuples soubs des mains qui eussent doucement poly et defriché ce qu'il y avoit de sauvage, et eussent conforté et promeu les bonnes semences que nature y avoit produit, meslant non seulement à la culture des terres et ornement des villes les arts de deçà, en tant qu'elles y eussent esté necessaires, mais aussi meslant les vertus Grecques et Romaines aux originelles du pays!* » (III.6.910)

철학자 플라톤(Platon)과 입법자 리쿠르고스(Lycurgue)가 이 신대륙의 원주민들을 알지 못한 게 그에게는 매우 유감스러운 일이다. 몽테뉴는 이 두 고대 사상가들의 사상 속에는, 신대륙이라는 새로운 '유토피아'에서 관찰된 '자연'과 '자연적인 것(le naturel)'의 순수함과 미가 충분히 담겨져 있지 못하다고 생각하는 것이다. 이 무의미한 유감의 표명은 결국 자기반성으로 변용되어 몽테뉴 자신을 향하고 있다는 점에서 유의미하다. 몽테뉴는 신대륙 담론을 통해 황금시대(L'Âge d'or)의 신화를 다시 상기시키는데, 그 신화의 상상계가 실현되는 구체적인 현실을 식인종의 삶의 방식에서 찾았다고 믿고 있다.

> "왜냐하면 우리가 이런 나라에서 실지로 관찰하는 것은 우리의 시가(詩歌)에 아름답게 묘사되던 황금시대의 일이나, 또는 행복한 인간의 조건을 상상해 보게 하는 그 모든 것들뿐만 아니라, 또한 철학이 보여준 개념과 욕망 자체를 넘어서는 것이기 때문이다."[25]

식인종들의 삶의 방식은 어찌 보면, 문명이 아직 존재하지 않고 사람들이 자연과 조화를 이루며 행복하게 살던 황금시대의 상상력을 넘어서, 서구의 타락한 사회와 문명에 마치 현실적인 대안을 제시하는 듯 착각하게 한다. 그러나 몽테뉴가 우리에게 말하고 싶어 하는 것은 야만의 삶으로 회귀하자고 하는 것은 아니다. 그에게 이 이국의 사람들과 문명은 사실 거울과 같은 존재이기 때문이다.

이 지점에서 몽테뉴는 플라톤을 불러내 대화를 시도한다. "나는 플

---

25) « *car il me semble que ce que nous voyons par experience en ces nations là, surpasse, non seulement toutes les peintures dequoy la poesie a embelly l'age doré, et toutes ses inventions à feindre une heureuse condition d'hommes, mais encore la conception et le desir mesme de la philosophie.* » (I.31.206)

라톤에게 말한다. *diroy je à Platon*"(I.31.206) "인간의 행복한 조건 *une heureuse condition d'hommes*"이 무엇인지 그는 플라톤에게 이야기 한다. 그 누구라도 "우리가 직접 겪어 본 것처럼 *nous voyons par experience/ comme nous la voyons par experience*" 야만인들의 삶에서 "그렇게 순수하고 순박한 순진무구함 *une nayfveté si pure et simple*" (I.31.206)을 보지 못했을 것이라고 몽테뉴는 장담한다. 인간이 만든 그 모든 인위적인 부산물들, 자연이라는 순수로부터 우리를 멀어지게 한 모든 것들, 그러니까 교역, 문자, 수학, 관리의 직명, 정치적인 우월성, 부자나 가난한 자의 제도, 계약이나 상속 혹은 분배 등이 이 나라에는 없다. 의복도 농사도 금속도 포도주나 곡식의 사용도 없다. 인간의 관계를 파괴시키는 거짓말, 배반, 은닉, 탐욕, 시기 등 온갖 유형의 악행을 의미하는 말도 없다. 이러한 그의 예찬은 플라톤적 유토피아를 넘어서, 자연이라는 어머니 앞에서는 서구의 문명이 이룩해 놓은 문명이라는 것은 보잘 것 없는 것이고 온갖 타락들을 양산해 낼뿐이라는 점을 다시 한 번 강조하는 것이다. '착한 미개인 *bon sauvage*'이라는 신화의 시작은 이렇게 만들어 진다.

자연에 일치하는 조화로운 삶은 '이상적인' 사회생활을 영위하고 있다는 것을 의미한다. 몽테뉴는 원주민들의 사회적 삶이 서구의 그것과 어떻게 다른지 보여주려 노력한다. 특히 '가족'의 모습은 매우 이상적으로 묘사되고 있다. 몽테뉴에 따르면, 원주민 가족 공동체는 계층적인 성격을 드러내는데, 그것이 서구와 차이를 만들어낸다. 먼저 나이는 이 계층의 상부를 차지하는 가장 결정적인 인자인 듯 보인다. 이들의 가족 공동체에서는 현 세대와 미래 세대가 공존하는데, 이때 가족이라는 범주는 단순히 '나의 가족', '너의 가족'이라는 별개의 독립적인 집합을 뜻하지 않는다. 나이가 많고 적다라는 것은 흐르는 시간이 만들어 놓은 것으로, 자연의 법칙에 속한다. 자연의 원리를 존중하는 이들의 삶은 나이가 많은 노인은 누구의 아버지라고 특정하지 않고 "노인은 모두의 아버지이다. *les vieillards sont peres à tous les autres.*"라고 한다. 모두가 가족이고 노인들은 모두의 아버지가 되는 가족 공동체에서, 당연히 "그들은 대개 나이가 같으면 형제라고 서로 부르고, 나이가 아래이면 어린이라고 부른다."[26] 과거 세대와 현재 세대, 그리고 미래세대는 하나의 가족 단위를 이루게 되는 것이다. 이렇게 하나가 된 공동체적 삶에서 재산과 소유권의 문제는 근본적으로 발생할 수가 없다.

> "노인들은 자신의 공동 상속인들에게, 자연이 그 피조물들을 세상에 내놓으며 준, 아주 순수한 것 외의 다른 자격을 보지 않고, 이 공동의 재산에 대한 온전한 소유권을 넘겨준다."[27]

이러한 공동체의 삶 속에서, 경험과 지혜가 많은 노인의 역할은 매우 중요한 것으로 간주된다. 노인들 중 하나는 아침나절 식전에 사람들을 한 곳에 모아 놓고 설교를 하는데, 그가 공동체의 구성원들에게 하는 이야기는 두 가지뿐이라고 한다. 적과 싸울 때 용감할 것, 그리고 자신의 아내에게 다정할 것. 이 두 가지는 "이들의 윤리학 *toute leur science ethique*"(I.31.206)이 내세우는 가장 중요한 가치이다.

'적과 싸울 때 용감할 것', 이는 전쟁 혹은 전투라는 인간의 살육적

---

26) « *Ils s'entr'appellent generalement, ceux de mesme aage, freres; enfans, ceux qui sont au dessoubs.* » (I.31.210)

27) « *Ceux-cy laissent à leurs heritiers en commun cette pleine possession de biens par indivis, sans autre titre que celuy tout pur que nature donne à ses creatures, les produisant au monde.* » (I.31.210)

인 행위의 문제이다. 이들의 전쟁의 습속은 서구문화와 많은 차이를 드러내는데, 몽테뉴가 식인종의 사회와 문화를 이야기하며 많은 관심을 보여주는 부분이기도 하다. 살육이 일어나는 전쟁의 폭력에 순수하게 윤리나 미덕의 관점을 적용하는 것은 문제가 있을 수 있다. 그런데 몽테뉴는 신대륙 담론을 통해서 '적을 먹는' 이 '신세계'의 전쟁 행위가 달리 해석될 수 있다고 생각한다. 적을 포로로 잡은 후 죽이는 일에서도 야만인들의 습속과 문명화된 포르투갈인들의 행태는 근본적으로 차이가 난다. 우선 야만인들이 전쟁 포로를 다루는 습속은 이렇다. 야만인들은 비록 포로로 잡혀 온 적일지라도 오랫동안 후한 대접을 해주고 허용할 수 있는 한 모든 편의를 제공해 준다. 때가 되면 포로의 "주인 *le maistre*"되는 자가 "지인들의 모임 *une grande assemblée de ses cognoissans*"을 소집해 놓고는 그 앞에서 포로를 칼로 쳐 살해한다. 그리고 나서는 그 죽은 포로를 구워서 "함께 *en commun*"(I.31.209) 먹는데, 그 자리에 없는 친구들의 몫도 따로 챙겨 놓는다. 몽테뉴는 생포한 적을 살해하고 먹는 행위에 상징적인 의미를 부여한다. 포로의 주인이 특별히 소집된 지인들과 더불어 살해된 포로의 살을 먹는 행위는 사회적인 성격의 집단적 의례행위라고 할 수 있을 것이다. 달리 말해서 이들이 인간의 살을 먹는 행위는 일상의 음식을 섭취하는 식용의 성격이 아니라, 특정한 목적과 의식에 따라 수행되는 과정이다. 이러한 의미에서 몽테뉴는 "이것은 사람들이 생각하는 것처럼 옛날 스키타이 족들이 하던 식으로 먹기 위한 것이 목적이 아니라 극단적인 복수를 보여주기 위한일이다."[28]라며 야만인들의 식인풍습을 두둔한다.

---

28) « *Ce n'est pas, comme on pense, pour s'en nourrir, ainsi que faisoient anciennement les Scythes: c'est pour representer une extreme vengeance.* » (I.31.209)

그런데 포르투갈인들의 야만적인 행태는 이러한 습속을 지키는 야만인들과 비교해볼 때, 포로들의 죽이고 처리하는 방식에서 차이를 드러낸다. 몽테뉴에 따르면, 이들이 포로를 처형하는 방식은 우선 "이들을 허리까지 파묻고는 땅위로 나온 신체 부분에 화살을 퍼부은 다음 매달아 죽인다."[29] 문제는 그 다음이다. 이 '문명인들'은 자연의 순수함을 간직한 '야만인들'을 타락시킨다. 새로운 방법으로 포로를 죽이는 모습을 본 원주민들은 이내 이들을 모방하여 같은 방식으로 잔인하게 포로를 처단하는 방식을 학습하는 것이다. 야만인들은 "다른 세상에서 온 이 사람들이 *ces gens icy de l'autre monde*" "이런 모든 악덕의 행동에는 자신들보다 더 훨씬 뛰어난 솜씨를 가진 자들 *beaucoup plus grands maistres qu'eux en toute sorte de malice*" (I.31.209)임을 깨닫게 되었다. 결국 자연에 가까운 이들의 순수한 성정은 문명인들과 접촉하자마자 곧 불순한 습속으로 물들어 버리는 것이다. 몽테뉴는 포르투갈인들에 의한 이 잔인한 처형 행위를 "사람을 죽여 구워서 먹는 *que de le rostir et manger apres qu'il est trespassé*" 식인종보다도 더 "야만적인 행동 *l'horreur barbaresque*"으로 규정한다. 그리고는 "우리"가 다른 사람들이 저지르는 잘못에 대해서는 비판을 하면서도 정작 "우리의 야만스런 행위는 주목하지 못하는 일이 슬프다 *nous soyons si aveuglez aux nostres*" (I.31.209)고 탄식한다. 무엇보다 종교의 이름으로, 아직도 생명이 남아 있는 몸을 고문과 형벌로 찢고, 불에 달군 쇠로 지지고 개와 돼지에게 물어 뜯겨 죽게 하는 서구인들의 작태는 그에게 용서할 수 없는 것이다.

29) « [...] *les enterrer jusques à la ceinture, et tirer au demeurant du corps force coups de traict, et les pendre apres.* » (I.31.209)

"나는 산 사람을 잡아먹는 일이 사람을 죽여서 먹는 것보다 더 야만적이라고 생각한다."[30)]

몽테뉴는 식인 풍습이란 게 꼭 이 야만의 문명에서만 일어나는 것은 아니라는 점을 이야기한다. 크리시푸스(*Chrysippus*)와 제논(*Zenon*) 등과 같은 그리스인들은 식량 생산을 위해 사람의 시체를 적절히 활용할 수 있다고 생각했다. 또 "우리의 조상들처럼 *comme nos ancestres*" 알렉시아(*Alexia*)에서 카이사르(*Caesar*)의 포위에 맞서 싸우는 과정에서 인육을 먹은 역사적인 기록도 있으며, 아울러 의사들도 건강을 위해 사람의 고기를 약용으로 활용한다는 사실도 덧붙인다. 따라서 몽테뉴에 따르면, 인육을 섭취한다는 것은 그 자체로 비

---

30) 몽테뉴의 비판은 당시의 종교 탄압과 종교 내전에서 일어난 잔인한 행위들과 신대륙에서 저지른 비인간적인 행위 모두를 향한 것이었다. 특히 「역마차에 대하여」에서는 유럽인이 신대륙 식민지에서 벌인 포악한 행동을 강력하게 공박한다. "나는 우리가 병폐에 감염되어 이 새 세상의 쇠퇴를 촉진시켰고, 그들에게 우리의 지식과 기술을 너무 비싸게 판 것이 되지나 않을까 두려워한다. 만일 우리의 용기와 타고난 힘이 그들보다 더했던 탓으로 그들을 매질하여 우리의 훈련에 굴복시키지 않았던들, 그리고 정의와 선심을 베풀어 우리의 강력한 힘으로 굴복시키지 않았던들, 그곳은 아직도 어린아이의 세상으로 남아있을 것이다." « *Bien crains-je que nous aurons bien fort hasté sa declinaison et sa ruyne par nostre contagion, et que nous luy aurons bien cher vendu nos opinions et nos arts. C'estoit un monde enfant; si ne l'avons nous pas foité et soubmis à nostre discipline par l'avantage de nostre valeur et forces naturelles, ny ne l'avons practiqué par nostre justice et bonté, ny subjugué par nostre magnanimité.* » (III.6.909) 혹은 "그 많은 도시들이 파괴되고, 그 많은 국가들이 초토화되었으며, 그 많은 사람들이 잔인하게 학살되었고, 세상에서 가장 풍요롭고 아름다운 곳이 진주와 후추 무역 때문에 엉망이 되었다. « *Tant de villes rasées, tant de nations exterminées, tant de millions de peuples passez au fil de l'espée, et la plus riche et belle partie du monde bouleversée pour la negotiation des perles et du poivre.* » (III.6.910)

난받을 일은 아닌 것이다. 그러나 몽테뉴는 다시 반복하여 "우리"의 행태가 더 비난받을 이유가 있음을 강조한다.

> "그러나 우리가 예사롭게 저지르고 있는 배신, 불성실, 포학, 잔인성 등 도리에 어긋나는 행위는 어떠한 이유로도 변명될 수 없다."[31]

여기서 '우리'라는 대명사로 표상된 자기반성의 범주에는 독자를 포함한 모두가 들어간다는 것을 부인할 수 없을 것이다.

> "그러므로 우리는 이성의 법칙에 비추어서 그들을 야만인이라고 부를 수는 있지만, 우리와 비교해서 그들을 야만인이라고 부를 수는 없다. 모든 야만성에서 우리가 그들보다 훨씬 더 심하기 때문이다."[32]

몽테뉴의 야만인 찬양의 대상은 한걸음 더 나아가 그들의 전쟁의 윤리와 미학의 차원으로까지 나아간다. '야만인들'에게 전쟁은 어떤 의미를 가지고 있는가? 몽테뉴에 따르면 "그들의 전쟁은 지극히 고결하고 용감하다. *Leur guerre est toute noble et genereuse.*"(I.31.210) 이 "고결한" 전쟁은 "인간의 이 병폐가 받을 수 있는 한의 변명과 고귀함을 지니고 있다."[33] 전쟁이 고결한 이유는 비록 그것이 피비린내 나는 살육적인 전쟁일지라도, 이들이 자신의 일상의 삶 속에서와 마찬

---

31) « *mais il ne se trouva jamais aucune opinion si desreglée qui excusat la trahison, la desloyauté, la tyrannie, la cruauté, qui sont nos fautes ordinaires.* » (I.31.210)

32) « *Nous les pouvons donq bien appeller barbares, eu esgard aux regles de la raison, mais non pas eu esgard à nous, qui les surpassons en toute sorte de barbarie.* » (I.31.210)

33) « [leur guerre] *a autant d'excuse et de beauté que cette maladie humaine en peut recevoir.* » (I.31.210)

가지로 자연의 질서를 따르고 있기 때문이다. 야만인들에게 전쟁이란 무엇보다 자신들의 용감함을 보여주는 장이다. 신대륙의 땅을 밟은 문명인들처럼 다른 영토를 침략하여 정복하려는데 있는 것이 아니다. 자연은 그들에게 노동과 수고를 하지 않더라도 필요한 것을 풍부하게 주기 때문이다. 몽테뉴가 식인종들의 전쟁에 이렇게 찬사를 아끼지 않는 것 역시, 앞서 살펴 본 포르투갈인들의 경우처럼, 서구의 전쟁 문화가 보여주는 비인간적인 잔인성과 파괴성을 드러내기 위한 것이다. 몽테뉴의 눈에는 야만인이라 취급받는 아메리카 원주민들의 전쟁이 서구의 전쟁보다 더 '야만적'이지 않게 비춰진다. 전쟁의 승리자가 얻고자 하는 것은 상대보다 더 용감하다는 우월감과 영광이 고작이기 때문이다. "달리 패자의 재산이란 아무 소용도 없는 것이다. 그들은 자기 나라로 돌아간다."[34] 따라서 이들이 중요시 하는 가치를 볼 때, 전쟁이나 전투 자체는 별 의미가 없는 듯이 보인다.

> "한 인간의 품위와 가치는 그 마음과 의지로 이루어진다, 여기 그의 진실한 영광이 있다. 용감함이란 팔이나 다리가 아니고, 마음과 영혼의 견고성이다. 그것은 우리의 말이나 무기의 가치에 있지 않고 우리 자신에게 있는 것이다."[35]

싸움의 승자와 패자가 존재하더라도 패자가 인정하지 않는 한 "진실한 승리 *la vraye victoire*"(I.31.211)"는 없으며 전쟁의 승리도 무의

---

34) « *car autrement ils n'ont que faire des biens des vaincus, et s'en retournent à leur pays,*[...] » (I.31.210)

35) « *L'estimation et le pris d'un homme consiste au coeur et en la volonté; c'est là où gist son vray honneur; la vaillance, c'est la fermeté, non pas des jambes et des bras, mais du courage et de l'ame; elle ne consiste pas en la valeur de nostre cheval, ny de nos armes, mais en la nostre.* » (I.31.211)

미해지기 때문이다. 승자는 포로로 잡힌 패자에게 전투의 패배를 인정하라는 것 외에는 어떠한 몸값(«autre rançon»)도 요구하지 않는다. 하지만 패자는 "굽히지 않는 위대한 용기로 *un seul point d'une grandeur de courage invincible*" 승자의 요구에 응하지 않는다. 승자에 의해 죽임을 당하고 먹힐망정 목숨을 구걸하는 패자는 "백년을 두고도 *en tout un siecle*" "하나도 *pas un*" (I.31.210) 없다. 그렇게 그들은 용기로서 자신을 지키고 정체성도 명예롭게 보존한다. "그는 살해당한 것이지 패한 것이 아니다. *il est tué, non pas vaincu.*"(I.31.211)

「식인종에 대하여」 장에서 가장 흥미롭고 극적인 부분은 몽테뉴와 소위 식인종이라는 야만인들과의 만남에 대한 묘사이다. 몽테뉴는 이 원주민들과 의 대면 장면을 이 장의 끝부분에 놓고 있다. 이는 아마도 자신의 간접 경험에서 오는 신대륙에 대한 정보의 부족함이나 불충분함을 어느 정도 상쇄하려는 목적도 있었을 것이다. 몽테뉴는 만남에 대한 구체적인 묘사에 앞서 서구의 "부패한 지식 *la connoissance des corruptions*"이 가져다 줄 이들의–당시에 진행 중이던–몰락과 멸망을 안타까운 마음으로 이야기한다. 몽테뉴는 마치 그들의 입으로 직접 들어보고 판단하라는 듯, 자신들의 운명을 알지 못한 채 순진한 호기심으로 구대륙의 땅을 방문한 세 명의 원주민들의 입을 통해서 서구의 사회와 문명에 대한 비판적 의식을 보여주고자 한다.

몽테뉴에 따르면 이들은 당시 루앙에 와있던 샤를르 9세와 먼저 "오랜 시간" 이야기를 나누고는 이어서 문명인들이 마련한 서구 문명의 화려한 의식과 아름다운 도시의 풍물을 보게 된다. 그리고는 "누군가 *quelqu'un*" 이들에게 "감탄할 만 하다고 생각하는 게 있었는지 *ce qu'ils y avoient trouvé de plus admirable*" (I.31.213) 질문을 하였다. 이 질문에 그들은 세 가지 대답을 내놓았다고 하는데, 몽테뉴가 소개하는 원주민들의 대답은 둘뿐이다. 아마도 여러 번 『에세』에서 고백했듯이 그의 형편없는 기억력의 탓으로 돌려야할 지 모르겠으나, 몽테뉴는 마지막 대답은 생각나지 않는다고 말한다. 원주민들이 내놓은 대답은 질문자가 알고 싶어 했던 "감탄할만한" 것과는 동떨어진 대답이었을 것이다. 몽테뉴가 우리에게 전해주는 원주민들의 첫 번째 대답은 이렇다. 그들이 보기에는 왕의 신변을 경호하는 친위병들이 물리적으로 힘이 세고 무장을 하였는데도 "한 어린 아이에게 복종하고 있으며, 자기들 중에서 지휘관을 선출하지 않는 것이 대단히 이상하다."[36]는 것이다. 원주민들의 대답은 오히려 문명인들에게 향하는 질문처럼 느껴진다. 서구인들이 자랑스럽게 소개한 문명 속에서 제일 먼저 그들의 눈에 들어온 것은 이해할 수 없는 기이한 장면이었다. 당시 10대 초반의 왕이었던 샤를르 9세의 모습은 세습 군주제를 이해하지 못하는 이들의 눈에는 "어린 아이"에게 "복종"하는 어른들의 모습이 괴이하게 비춰졌을 것이다. 자연의 원리를 따르는 그들의 습속에서는 도대체가 수용할 수 없는 장면이었을 것이다. 몽테뉴가 의도하건 의도하지 않건 이 구절은 어찌 보면 정치체제에 대한 비판으로 충분히 해석될 수 있는 부분이다.

원주민들의 두 번째 대답은 우리의 논의와 관련하여 보다 의미적이다. 첫 번째 대답이 정치적 제도와 관련된 것이었다면, 두 번째 것은 먹고 사는 문제와 관련된, 보다 사회적 성격을 띤다. "서로를 반쪽으로 부르며 *ils nomment les hommes moitié les uns des autres*" (I.31.214) 공동체의 연대성을 중요시하는 원주민들의 눈에 서구사회의 사회적 정의와 평등의 문제가 드러난다. 극소수의 사람들이 부의

36) « [tant de grands hommes] [...] *se soubsmissent à obeyr à un enfant, et qu'on ne choisissoit plus tost quelqu'un d'entr'eux pour commander.* » (I.31.213)

상당부분을 소유하고 있는 데도(«*des hommes pleins et gorgez de toutes sortes de commodite*»), 자신들 문 앞을 찾아오는 "배고프고 가난한 *décharnez de faim et de pauvreté*" (I.31.214) '반쪽들'이 어떻게 이 불의를 참고 저항을 하지 않는지 이것 또한 자신들의 눈에는 "이상한 *estrange*"것이라고 대답한다. '반쪽'의 권리와 나머지 '반쪽'의 의무를 강조하는 이 두 번째 대답조차도 이들이 서구의 문명인들에게 하고 싶은 질문일 것이다.

이 장의 마지막은 "누군가"가 아닌 몽테뉴 자신의 질문과 세 명의 원주민들 중 하나의 대답으로 장식된다. 몽테뉴는 선원들이 "왕 *Roy*"이라 부르던 "우두머리 *Capitaine*" 원주민에게 질문을 한다. 첫 번째 질문은 그 나라에서 '왕'으로서 누리는 특권은 무엇인가였는데, 그 원주민은 "전쟁 때 앞장서서 나가는 것이다. *c'estoit marcher le premier à la guerre.*" (I.31.214)라고 대답을 한다. 원주민 우두머리의 대답은 '이상적인 왕'이란 가장 위험한 순간에 어떠한 특권도 없이 백성들을 위하여 자신의 목숨까지도 던지며 보호하려는 존재라는 것을 말해주는 것이다. 전쟁이 없는 평화의 시기라고 해도 특별히 왕에게 주어진 특권은 없다. 그저 왕에 대한 존경심과 감사의 표시로 약간의 편의를 봐주는 것뿐이다. 몽테뉴는 한 무리, 한 집단, 한 국가의 지도자가 갖추어야할 덕목이 무엇인지 원주민 우두머리의 입을 빌려 독자들에게 들려주고 싶어 했는지 모른다.

몽테뉴는 이 장의 처음부터 끝까지 야만인들을 변호하고 그들의 정신과 삶의 방식을 지지하는데, 마지막 구절의 반어법은 그 정점이다. "그런데 웬 말인가, 그들은 양복바지도 입지 않고 있다니. *mais quoy, ils ne portent point de haut de chausses.*" (I.31.214) 결국 벌거벗은 식인종과 문명인들의 차이는 그저 의복의 차이일 뿐이다. 투르농(Tournon, 2000: 219)이 지적한 것처럼 몽테뉴의 신세계 담론 논지는 변화를 겪으면서, 이 장의 전체가 르네상스의 역설들의 논리적 모순들을 잘 보여주고 있다. 몽테뉴의 찬사는 먼저 서구 문명의 발전된 이기와 사회적 관습들을 경험하지 못한 채 살아가는 야만인들의 순수함을 향했다. 자연에 복종하며 살아가는 야만인들은 그 자체로 인간이 잃어버린 본연의 모습 그대로를 간직하고 있었다. 몽테뉴의 논지는 이러한 찬사에서 이들의 세련된 문화와 가치 체계의 발견으로 이동되면서 옹호의 방식도 변화한다. 달리 말하자면 몽테뉴는 문화의 부재를 의미하는 '야만'이, 서구의 '문명'보다도 더 우위에 있음을 주장하고 나서고 있는 것이다. 그는 사실상 식인종들이 오히려 서구인들 보다 더 문명화된 인간들이라는 것. 그러나 그 문명이라는 것이 유럽인들의 것과는 다르게, 그리고 아마도 더 나은 방식으로 진보된 것이었음을 보여주고자 하는 것이다.

5.4. 타자, 성찰과 반성의 거울

유럽 문명사에서 신대륙의 발견은 르네상스 시기 서구 중심의 자아실현과 성찰과는 구분되는 또 다른 차원에서, 타자의 도래와 자아에 대한 각성을 자극한 계기였다고 할 수 있다. 위에서 간략하게 살펴본 「식인종에 대하여」 장은-특히 「역마차에 대하여」 장과 더불어 -몽테뉴를 포함한 당시 지식인들에게 이 발견이 얼마나 큰 충격을 주었는지 짐작하게 한다. 새로운 땅의 발견은 동시에 새로운 타자의 존재를 의미하는 것이었다. 이 새로운 타자에 대한 관심과 숙고의 결과가 바로 『에세』의 일부를 구성하고, 전체를 관통하는 정신으로 거듭났다고 할 수 있다. 타자와 타자성에 대한 관심은 그 대상이 무엇이건 결국은 자연스럽게 자기 자신으로 돌아오기 마련이다. 또한 이는 자신이 속한 사회와 문화, 혹은 그것을 넘어서 인간조건에 대한 보편적 가치와 개념 등에 대한 숙고로 이어지는데, 몽테뉴의 성찰도 여기서 벗어나지 않는다.

「식인종에 대하여」 장에서 우리는 '황금시대'를 연상하게 될 만큼 자연과 더불어 순수하고 단순한 삶을 살아가는 사람들에게 매료된 몽테뉴를 발견한다. 그런데, 이 식인종 혹은 야만인이라는 존재를 통해 드러난 심층적인 타자성(altérité)은 몽테뉴의 자아의 성찰과 어떤 관계가 있는 것일까? 신대륙의 타자는 구대륙 혹은 유럽의 자아가 자신의 사회와 문화 속에서 만날 수 있는 타자는 아니다. 지리적으로 혹은 공간적으로 유리되어 있는 타자일 경우 무엇보다 상상력이 만든 공포의 대상이 될 수도 있는데, 이 새롭게 조우한 타자가 그 경우이다. 신대륙의 식인 타자는 사람을 잡아먹는, 문명화되지 않은 야만적인 존재로 유럽적 자아의 불신과 경멸이 대상이 되는 타자성을 간직하고 있다. 이러한 유럽인들의 태도에 대한 비판으로 규정되는 몽테뉴의 문화 상대주의는 결국 '이방인'이 된 '나'에 대한 숙고라고 말할 수 있다. 몽테뉴는 이방인이란 절대적인 개념이 아니라 상대적인 개념임을 신세계 담론 내내, 때로는 명시적으로 때로는 암시적으로 독자에게 주지시킨다. '당신은 누구인가?'라는 질문과 '나는 누구인가?'라는 질문은 서로 유리될 수 없는 것이다. 이방인이란 상대적으로 규정되는 것임을 세 명의 식인종과의 만남에서 시사되고 있지만, 「역마차에 대하여」에는 보다 흥미로운 장면이 묘사되고 있다. 신대륙에서 만난 두 주체, 혹은 두 이방인들의 장면이 그것이다. 바다를 통해 이방인의 영토에 내린 유럽인들이나, 그 땅의 주인으로서 이들을 처음 바라본 원주민들이나 서로의 모습에 놀라울 따름이었다. 아직 말(馬)도 본 일이 없고 사람을 태우거나 짐을 싣도록 길들인 짐승들도 없던 원주민들에게 "자신들과는 전혀 다르게 생긴 털보들이, 언어도 종교도 외모도 행동도 다른 자들이 *des gens barbus, divers en langage, religion, en forme et en contenance*" 지금까지 본 적도 없는 커다란 짐승을 타고 "사람이 살고 있으리라고는 전혀 생각지 못했던 먼 세상에서 *d'un endroict du monde si esloigné et où ils n'avoyent jamais imaginé qu'il y eust habitation quelconque*" 불시에 자신들의 나라에 닥쳐온 이 상황은 매우 놀랄 일이었을 것이라는 점을 몽테뉴는 길게 묘사해주고 있다. 이 순수한 원주민들의 눈에 비춰진 유럽인들도 그저 그 땅에서는 이방인에 불과했던 것이다.

몽테뉴의 신세계 담론은 유럽적 자아가 신세계 타자와의 조우를 통해 자신을 포함한 인간 자체에 대한 성찰로 나아갈 수 있음을 보여준다. 마치 타인의 시선으로 내 몸 곳곳을 훑어보듯이, 그들의 존재는 몽테뉴에게 있어, 마치 거울처럼 유럽의 정치, 사회, 경제의 모든 문제들을 들여다 볼 수 있게 해준다. "그들은 여전히 자연의 풍요를 누리며 *ils jouyssent encore de cette uberté naturelle*", "여전히 자신들의 본성이 느끼는 필요이상으로 욕심을 내지 않는 행복한 상태에 있다. 그 선을 넘어서는 것은 그들에게는 모두 불필요한 것이다."[37] 타자에게 이상적인 가치를 부여하는 일은 곧 자기 자신에 대한 비판적 반성으로 이어지는 것이다. 몽테뉴가 신세계 담론을 통해 하는 일은 야만인으로 간주된 신세계 타자의 정신을 유럽의 문명사 속에 자리 잡은 고대의 사례들과 유비하는 것이다. 이는 곧 유럽인들의 편견의 원인이 되었던, 식인 타자 고유의 순수함에 새로운 의미를 부여하여 부정적인 타자성을 완화하는 것이다. 이렇게 함으로써 신세계 타자는 유럽인들의 눈에 더 이상 두려워하거나 경멸해야할, 혹은 통제 불가능한 모습에서 벗어날 수가 있게 된다. 몽테뉴가 신세계 타자로부터 읽어버

---

37) « *Ils sont encore en cet heureux point, de ne desirer qu'au tant que leurs necessitez naturelles leur ordonnent: tout ce qui est au delà, est superflu pour eux.* »(I.31.210)

린 신화적 과거의 이상을 소환하는 일은 단순한 유비는 아니다. 플라톤과의 가상적 대화는 몽테뉴가 신화가 아닌 현실에서 이 유토피아를 찾았다는 믿음을 보여주고 있기 때문이다. 이러한 의미에서 신세계 타자는 세 명의 식인종과의 대화에서 보여주듯이, 어느 순간 더 이상 '야만인'이 아니라, '우리'의 것과는 완전히 다른 새로운 문명을 창조해 낸 존재로 이해된다. 토도로프는 몽테뉴의 이러한 담론이 유럽의 고전 문명에 의해 구현된, 자신의 개인적인 이상을 타자에게 투사시키는 것이라고 본다(Todorov, 1989: 60). 결국 몽테뉴의 관심은 무엇보다 타자 자체라기보다는 자기에 대한 성찰과 비판에 있다는 것이다. 토도로프의 이러한 주장은 아마도 뷔토르의 주장과 연결시켜 살펴볼 수 있을 것으로 보인다. 뷔토르(Butor, 1968: 64)에 따르면, 아버지의 열정으로 라틴어를 모국어로 여길 만큼 보통 이상의 교육을 받은 몽테뉴는 자신을 16세기 프랑스에 유배된 로마인으로 생각했다. 이러한 해석은 자기 안의 이상적인 모습을 타자에 투영함으로써 유럽적 자아에 대한 비판을 수행한 몽테뉴의 성찰방식을 이해하는데 도움이 될 것이다.

> "나는 남의 말을 하지 않지만 혹시 하게 된다면 저에 대해 말하기 위해서입니다."[38)]

아마도 몽테뉴의 신세계 담론도 이와 같은 그의 말 속에서 그 의미를 찾아야 할 것이다.

---

38) « *Je ne dis les autres, sinon pour d'autant plus me dire.* » (I.26.148)

5.5. 신세계 담론 속 우정의 공동체

지금까지 우리는 『에세』 1권 31장 「식인종에 대하여」 장을 중심으로 간략하게 몽테뉴의 신세계 담론이 지니고 있는 정신과 실천을 살펴보았다. 몽테뉴의 신세계 담론은 그의 비판정신이 인간 조건에 대한 보다 넓고 높고 깊은 이해의 차원 속에서 이루어지고 있음을 알게 해준다. 그의 신세계 담론은 종종 문화 상대주의로 규정되고 있지만, 주저하지 않고 모든 것에 대한 의심에서 출발하는 그의 회의주의적 성찰에서 그 토대를 찾을 수 있을 것이다.

이 장이 의미를 갖는다면 그것은 완전한 우정과 라 보에시의 형제애로 표현된 심오한 정신이 신대륙 담론과 깊은 연관성을 지닌다는 점이다. 아메리카 원주민들의 삶은 말 그대로 몽테뉴가 이상적인 낙원으로 동경하는 자연의 삶, 자연의 법칙을 따르며 사는 삶과 닮아 있다. 자연이 마련해준 그들의 삶은. 우리가 라 보에시의 자발적 복종 개념을 살펴보며 개진했던 '공동체적 자아'와 밀접한 관련이 있다. 원주민들의 삶이 이루어지는 가족 공동체는 성원 모두가 그 속에서 '형제'로 살아간다. 여기서는 누구의 가족이란 개념은 존재하지 않는다. 모두 같은 형제이기 때문에 노인은 모두의 아버지가 된다. 혈연관계와는 상관없이, 자연의 시간이 준 자신들의 나이에 따라서 과거와 현재, 그리고 미래 세대가 함께 어울려 가족을 구성한다. 따라서 이렇게 하나가 된 공동체 속에서는 재산과 소유권의 문제도 발생하지 않는다.

앞에서 살펴본 것처럼, 보다 놀라운 것은 이 공동체 속에서는 서로를 '반쪽'이라고 부른다는 것이다. 이미 우리는 몽테뉴의 완전한 우정을 통해서 '반쪽'이라는 표현이 의미하는 바를 익히 알고 있다. 이 결합은유가 담고 있는 의미는 평등과 상호성, 그리고 공동체적 연대성이다. 원주민들이 서로를 반쪽이라고 부르는 것은 홀로는 하나를 이룰 수 없다는 것을, 서로는 서로를 채워줄 수 있다는 것을 의미한다. 그들은 이미 서로를 잃어버린 적도 없고 이미 완성된 하나이기 때문에 자연 속에서 행복한 삶을 영위할 수가 있는 것이다. 서구의 사회에서처럼 "배고프고 가난한" 반쪽을 문 밖에 그대로 내버려 두지도 않는다. 이들의 삶 속에서 자연의 법칙이 그대로 유지되고 있음을 확인해 볼 수 있는 것이다. 그들은 그 존재자체로 이상적인 "모두 하나들(tous uns)"을 구성하고 있다. 몽테뉴가 이들을 통해서 자신이 간절히 원하는 '이상적 자아'를 투영하고 있는 것도 바로 이러한 의미로 받아들여야 할 것이다.

이들의 우정 공동체에는 하나가 다른 하나와 만나 더욱 온전한 하나를 이루려는 카니발리즘이 존재한다. '서로 먹기'라고 부를 수 있을 이 카니발리즘은 그럼에도 불구하고 하나가 다른 하나를 일방적으로 취하여 자신의 것으로 만드는 지배와 통제의 욕망은 담겨져 있지 않다. 그것은 타락하지 않은, 서로의 의지들이 일치를 이루어 존재의 확장을 이룰 수 있는 더 큰 의지를 만들어 낸다. 우리는 이것을 일치(communion)의 카니발리즘라고 부를 수 있을 것이다. 이 의지의 일치는 몽테뉴의 완전한 우정과 라 보에시의 정치적 우정 속에서 발견했던 바의 모습 그대로이다.

카니발리즘이라는 신대륙 담론을 통해서 보여주는 몽테뉴의 정신은 완전한 우정이 자기 유폐적인 감정의 발현이 아니라는 것을 말해준다. 달리 표현하자면, 우리는 라 보에시의 '정치적 우정'에서 시작된 우정이 몽테뉴의 완전한 우정을 거치면서 보다 드높은, 보편애로서의 인간들의 우정을 향해 나아가는 존재양식을 신대륙 담론에서 찾을 수 있을 것이다.

VI 나오는 말

6

나오는 말

"덧붙이지만 고치지는 않는다. *J'adjouste, mais je ne corrige pas* " (III.9.963) 확정된 진리는 없으며 결론을 유보한 채 끊임없는 탐구만이 유일한 선택이라는 몽테뉴의 회의적인 성찰은 그의 가필작업과 근본적으로 연계되어 있다. 우정 또한 평생의 작업으로 이러한 회의주의적 태도가 묻어난다. 자신의 모든 것을 가감 없이 보여주고자 했던 몽테뉴의 태도는 우정의 텍스트에도 가필의 흔적을 남겼다. 몽테뉴의 우정의 내러티브를 통해서 보았듯이, 자신 그리기의 집요함을 보여주는 이러한 열정은 마치 화가가 화폭에 시간의 간격을 두고 그림을 손질해 나가듯이 자신을 새롭게 발견하고 성찰하는 간단없는 그리기였다. 이러한 그의 태도는 개인을 넘어 인간 일반에 대한 묘사로 나아간다.

『에세』에 담긴 이야기들은 단순히 몽테뉴라는 한 개인의 독백은 아니다. 개별적인 것이 보편적인 것과 무관하지 않다는 의미에서, 그것은 우리 모두의 이야기가 될 수 있다.

"사람은 저마다 인간 조건의 완전한 형태를 지니고 있다."[1)]

자기의 정체성을 찾는 일, 자기성찰을 꾀하는 일은 매우 개인적인 일임에 틀림이 없지만, 이를 위해서는 타자들과 공유하는 시대 상황과 문제를 인식하고 숙고의 대상으로 삼을 수밖에 없는 것이어서 결국 인간의 삶에 대한 전반적인 고찰과 결부될 수밖에 없다. 몽테뉴와 라 보에시라는 두 사람의 '완전한 우정'이 단지 몽테뉴 개인에만 국한되지 않는다면 바로 이러한 의미이다. 이들의 우정이 비록 사적인 경험에서 출발한 것이지만, 궁극적으로는 이상적인 우정의 한 유형으로서 인본주의적인 보편성을 획득하고 인간관계에 대한 보다 폭넓은 숙고로까지 이어진다.

이러한 배경에서 우리는 두 사람의 텍스트, 『에세』와 『자발적 복종론』을 통해 '자발적 복종'과 '의지적 자유'의 문제를 다루었다. 우리의 관심사는 몽테뉴의 생각 속에 라 보에시의 것과 다르면서도 같은, 정신적 차원의 강한 연대감을 보여주는 것들이 확인되는지 관찰하는 것이었다. 몽테뉴의 우정은 라 보에시의 죽음 이후 만들어 간 문학적 성격의 사유적 구조물이다. 그것은 우정이라는 개인의 경험 속에서 완성해 간, 그리고 우정이라는 이름으로 세워진 보다 광범위한 인본주의적 발상으로 완성된 정신이다. 이 정신의 완성에는 라 보에시의 정신이 담겨 있는 '자발적 복종론'과의 만남이 전제된 것이다. 라 보에시가 『자발적 복종론』 속에서 그려가는 우정의 모습은, 폭군에 대항하는 자유와 평등이라는 가치와 보편애로서의 '형제애'와 연결된다. 따라서 그 우정은 정치적이며 공적인 성격을 띤다. 반면 『에세』에 나타난 몽테뉴의 우정은 운명적이고 배타적이며 내밀한, 사적인 성격을 갖는다는 점이 관찰되었다. 우리는 특히 라

1) « *chaque homme porte la forme entiere de l'humaine condition.* » (III.2.804).

보에시의 '자발적 복종'과 몽테뉴의 '의지적 자유' 간의 차이성과 친연성에 주목하면서, 두 개념이 어떻게 대립적인 의미를 지니는 듯 보이면서도 보다 근본적인 차원에서는 소통이 가능한 것인지 관찰해 보았다.

우리는 이와 같이 두 사람의 텍스트들을 비교하면서, 몽테뉴가 『에세』를 통해 보여주고자 했던 삶은 과거의 시간 속에서 경험했던 단순한 기록이 아니라, 라 보에시를 만나 새로운 자아로 살아가며 그 속에서 겪은 한 인간의 치열했던 삶 자체였음을 확인하게 된다. 이러한 의미에서 몽테뉴가 라 보에시를 통해 체험한 '완전한 우정'은 한순간에 이루어진 것이 아니라 몽테뉴의 삶 마지막 순간에 확인되는, 삶의 과정으로 드러나는 전체라고 할 수 있을 것이다.

두 사람 간의 정신적 연계는 신세계 담론까지 이어진다. 이 담론은 '야만인' 혹은 '미개인'이라는 표현으로 신세계 식인 타자를 향한 편견을 드러냈던 당시 유럽인들에 대한 비판이지만, 『에세』의 독자로서 오늘을 사는 우리들에게 여전히 의미 있는 것으로 다가온다. 다문화적 사유와 타자 지향적 응시에 익숙하지 못한 우리에게 다인종·다문화사회 속에서 과연 타자를 포괄하는 조화롭고 평화로운 공동체를 형성할 수 있을지는 총체적인 사회적인 문제로 다가오고 있다. 우리는 피로 얼룩진 종교 전쟁과 페스트 그리고 잔인한 영토 확장이 이루어지던 16세기 후반, 관용과 배려, 그리고 인본주의에 토대를 둔 몽테뉴의 신세계 담론을 되새김하면서, 우리 사회의 갈등을 치유할 지혜들이 무엇인지 숙고해 볼 수 있을 것이다. 아울러 몽테뉴가 우리에게 알려준 것처럼, 타자와의 만남을 계기로 내부로 시선을 돌려 우리의 정체성을 응시하고 다양성과 공평, 그리고 사회적 정의에 대해 논의해야만 할 것이다. 몽테뉴가 우리에게 보여준 것이 있다면, 그것은 우정은 이미 만들어진 것이 아니라 만들어 가는 것, 혹은 그 과정이라는 점이다. 그러니까 그것은 어쩌면 우리에게 남겨진 숙제와 비슷한 것이기도 하다.

참고문헌

라 보에시, 에티엔느 드, 2004, 자발적 복종, 박설호(역), 서울, 울력.

라 보에시, 에티엔느 드, 2015, 자발적 복종, 심영길, 목수정(역), 서울, 생각정원.

몽테뉴, 2011, 『몽테뉴 수상록』, 손우성(역), 서울, 동서문화사.

서종석, 2012, 「'완전한' 우정과 '낭만적' 사랑: 몽테뉴의 <우정에 대하여>에 나타난 우정의 개념」, 『프랑스학 연구』, 61, pp.99-123.

서종석, 2013, 「자발적 복종과 의지적 자유: 라 보에시와 몽테뉴의 우정」, 『외국문학연구』 51, pp.159-179.

서종석 외, 2014, 내러티브와 리얼리티, 서울, 한국외국어대학교 출판부

서종석 외, 2015, 내러티브와 자아, 서울, Huine: 한국외국어대학교 지식출판원.

이윤희, 2012, 「죽음의 카타스트로프와 사랑의 자기부정: 죽음과 사랑의 엑스터시 – 몽테뉴의 『에세』를 중심으로」, 『영상문화』 20, pp.121-149.

이환, 2004, 『몽테뉴의 엣세: 근대 자아 최초의 자화상』, 서울, 서울대학교출판부.

Abensour, Miguel, 2014, *La Communauté politique des « tous uns »: Entretien avec Michel Enaudeau*, Paris, Les Belles Lettres.

Aymard, Maurice. 1986, Amitié et convivialité, in R. Chartier (ed.), *Histoire de la vie privée*, tome 3, *De la Renaissance aux. Lumières*, Paris, Seuil, 1986, pp.455-499.

Beaujour, 1980, *Michel, Miroirs d'encre: Rhétorique de l'autoportrait*,

Paris, Editions du Seuil.

Bidart, Claire, 1991, L'amitié, les amis, leur histoire. Représentations et récits, *Sociétés Contemporaines* n°5, pp.21-42.

Bonnefon, Paul(éd.). 1892, *Œuvres Completes d'Estienne de La Boétie.*

Butor, Michel, 1968, *Essai sur les Essais*, Paris, Gallimard.

Carpenter, Scott, 1986, Montaigne Couturier: Représentations et Intertextualités dans « De l'amitié », *Paroles gelées* 4(1), pp.31-38.

Clastres, Pierre. 2004, Liberté, malencontre, innommable, in Étienne de La Boétie, *Le discours de la servitude volontaire*, Edition conçue et réalisée par Miguel Abensour, Paris, Editions Payot & Rivages, pp.247-267.

Compagnon, Antoine, 2013, *Un été avec Montaigne*, Paris, Éditions des Équateurs.

Conley, Tom, 1998, Friendship in a local vein: Montaigne's servitude to La Boétie, *The South Atlantic Quarterly* 97/1, pp.67-89.

Delacomptée, Jean-Michel, 2007, La Boétie, une amitié moderne, *Le Magazine Littéraire* 464, pp.46-47.

Derrida, Jacques, 1994, *Politique de l'amitié. Suivi de L'oreille de Heidegger*, Paris, Galilée.

Dupeyron, Jean-François, 2013, *Montaigne et les Amérindiens*, Lormont, Le Bord de l'eau, (Collection « Des Mondes ordinaires »)

Geonget, S. et Gerbier, L.(éd.), 2012, *Amitié & Compagnie. Autour du Discours de la servitude volontaire de La Boétie*, Paris, Classiques Garnier (« *Cahiers La Boétie 1* »).

Gerbier, Laurent et Guerrier, Olivier(éd.), 2012, *Les Figures de la coutume. Autour du Discours de la servitude volontaire*, Paris,

Classiques Garnier (« *Cahiers La Boétie 2* »).

Gerbier, Laurent(éd.), 2013, *Lectures politiques de La Boétie*, Paris, Classiques Garnier (« *Cahiers La Boétie 3* »).

Kövecses, Zoltán, 1986, *Metaphors of Anger, Pride, and Love. A Lexical Approach to the Structure of Concepts*. Amsterdam, John Benjamins.

Kövecses, Zoltán, 1980, *The Language of Love. The Semantics of Passion in Conversational English.* Lewisburg, Pa, Bucknell University Press.

Kövecses, Zoltán, 1990, *Emotion Concepts,* New York, Springer.

Kövecses, Zoltán, 1995, American friendship and the scope of metaphor, *Cognitive Linguistics* 6(4), pp.315-346.

Kövecses, Zoltán, 1999, Metaphor: does it constitute or reflect cognitive models?, in Gibbs, Raymond W. and Gerard Steen (éds.), *Metaphor in Cognitive Linguistics*. Amsterdam, John Benjamins, pp.167-188.

Kövecses, Zoltán, 2000, *Metaphor and Emotion: Language, Culture, and Body in Human Feeling,* Cambridge/New York, Cambridge University Press.

Kövecses, Zoltán, 2002, *Metaphor. A Practical Introduction,* Oxford/New York, Oxford University Press.

Kövecses, Zoltán, 2005, *Metaphor in Culture: Universality and Variation,* Cambridge, Cambridge Universty Press.

Kövecses, Zoltán, 2006, *Language, Mind and Culture. A Practical Introduction,* Oxford/New York, Oxford University Press.

La Boétie, Étienne de, 2002, *Discours de la Servitude volontaire*, texte établi et annot. par André et Luc Tournon, Paris, Vrin.

Lefèvre, Daniel, 2007, Montaigne et La Boétie: Deux images de l'amitié,

Imaginaire & Inconscient, n°20/2, pp.15-21.

Lefort, Claude, 1976, "Le nom d'Un", dans La Boétie, Étienne (de), *Discours de la servitude volontaire*, Paris, Payot, pp.247-307

Legros, Alain, 2007, Peinture-Peintre(s), in *Dictionnaire de Michel de Montaigne*, Nouvelle édition revue, corrigée et augmentée, publié sous la direction de Philippe Desan, Paris, Honore Champion Editeur.

Legros, Alain, 2008, Nous deux, mais c'était lui ou moi (M. et/ou La Boétie), *Genesis*, n° 29, pp.159-164.

Lourenço, Eduardo & Botineau. Pierre, 1992, *Montaigne 1533-1592*, Bordeaux, L'escampette Editions.

Maclean, Ian, 1996, *Montaigne philosophe*. Paris, Presses Universitaires de France.

Maisonneuve, Jean, 2004, *Psychologie de l'amitié*, Collection « Que sais-je ? », Paris, Presses Universitaires de France.

Manhes, Géraud, 2009, La puissance de l'amitié, *Libres cahiers pour la psychanalyse* 19, pp.189-205.

Marin, Louis, 1999, *L'écriture de soi: Ignace de Loyola, Montaigne, Stendhal, Roland Barthes*, Paris, Presses Universitaires de France.

Mathieu-Castellani, Gisèle, 2000, *Montaigne ou la vérité du mensonge*, Genève, Droz (coll. « Les Seuils de la Modernité », vol.4)

Merleau-Ponty, Maurice, 1960, Lecture de Montaigne, in *Signes,* Paris, Gallimard («folio essais»), pp.322-342.

Montaigne, Michel de., 2004[1965], *Les Essais*, éd. Villey-Saulnier, Paris, Presses Universitaires de France, « Quadrige ».

Nakam, Geralde, *Les Essais de Montaigne, miroir et procès de leur temps. Témoignage historique et création littéraire*, Edition revue, corrigée et mise à jour, avec une préface inédite, Paris, H. Champion, 2001.

Podoksik, Efraim, 2003, "Estienne de La Boëtie and the Politics of Obedience", *Bibliothèque d'Humanisme et Renaissance* LXV(1), pp.83–95.

Regosin, Richard L., 1977, *The Matter of My Book: Montaigne's 'Essais' as the Book of the Self.* London, University of California Press.

Rendell, R., 1995, Une ami pour la vie", in Sophie Jankélévitch et Bertrand Ogilvie (éds), *L'amitié: dans son harmonie, dans ses dissonance*, pp.19-31.

Ricoeur, Paul, 1994, Sur un Autoportrait de Rembrandt in *Lectures 3- Aux Frontières de la Philosophie*, Paris, Éditions du Seuil, pp.13-15.

Rolland, Josiane, 2009, L'unique autre, *Libres cahiers pour la psychanalyse* 19, pp.125-150.

Sainte-Beuve, C. A.. 1852, Etienne de La Boétie, l'ami de Montaigne", in *Causeries du Lundi*, GARNIER FRÈRES, Paris, 3e éd. tome IX, pp.112-128

Schaefer, David Lewis, 2003, Michel de Montaigne and His Imaginary Friend., In Eduardo Velasquez (ed.), *Love and Friendship: Rethinking Politics and Affection in Modern Times*, Lanham, MD: Lexington Books, pp.61-87.

Schaefer, David Lewis, 1998, *Freedom over Servitude: Montaigne, La Boétie, and on Voluntary Servitude*, Greenwood Press.

Schachter, Marc D., 2008, *Voluntary Servitude and the Erotics of Friendship*, Ashgate.

Sophie Jankélévitch et Bertrand Ogilvie (éds), 1995, *L'amitié: dans son harmonie, dans ses dissonance*, Paris, Le Seuil.

Starobinski, Jean, 1993[1982], *Montaigne en mouvement*, Édition revue et complétée, Paris, Gallimard.

Stearns, Peter N., 1994, *American cool: constructing a twentieth-century emotional style*, New York, New York University Press.

Talmy, Leonard, 1988, Force Dynamics in Language and Cognition", *Cognitive Science 12*: pp.49-100.

Todorov, Tzvetan, 1989, *Nous et les autres. La réflexion française sur la diversité humaine*, Seuil, (Collection « Points Essais »).

Tournon, André. 1990, 'Nostre liberté volontaire…'. Le Contre Un en marge des Essais, *Europe*, 729-730, 1pp.72-82.

Tournon, André, 2000, *Montaigne: la glose et l'essai*. Edition revue et corrigée, précédé d'un Réexamen, Paris, Honore Champion Editeur.

Vernon, Mark, 2007, *The Philosophy of Friendship*, Palgrave Macmillan.

Zalloua, Zahi, 2005, *Montaigne and the Ethics of Skepticism*. Charlottesville, Rockwood Press.

| 세미오시스 연구총서 05 |

우정, 자유, 복종 그리고 카니발리즘
- 몽테뉴와 라 보에시 -

초판 인쇄 2016년 5월 23일
초판 발행 2016년 5월 30일

지은이 서종석
발행인 김인철
총괄 · 기획 장지호 Director, University Press
편집장 신선호 Executive Knowledge Contents Creator
도서편집 김민정 Contents Creator
진수연 Contents Creator
도서·전자책편집 최인우 Chief e-Contents Creator
마케팅 곽용창 Chief Marketing Creator
재무관리 권미경 Chief Managing Creator
김은혜 Managing Creator
발행처 한국외국어대학교 지식출판원
02450 서울특별시 동대문구 이문로 107
전화 02)2173-2493~7
팩스 02)2173-3363
홈페이지 http://press.hufs.ac.kr
전자우편 press@hufs.ac.kr
출판등록 제6-6호(1969. 4. 30)
디자인 · 편집 (주)이환디앤비 02)2254-4301
인쇄 · 제본 네오프린텍 02)718-3111

ISBN 979-11-5901-082-8 94860 정가 16,000원
ISBN 978-89-7464-832-9 (세트)

*잘못된 책은 교환하여 드립니다.

HUiNE은 한국외국어대학교 지식출판원의 어학도서, 사회과학도서, 지역학 도서 Sub Brand이다. 한국외대의 영문명인 HUFS, 현명한 국제전문가 양성(International +Intelligent)의 의미를 담고 있으며, 휴인(携引)의 뜻인 '이끌다, 끌고 나가다'라는 의미처럼 출판계를 이끄는 리더로서, 혁신의 이미지를 담고 있다.